思想的・睿智的・獨見的

經典名著文庫

學術評議

策劃 楊榮川

五南圖書出版公司 印行

經典名著文庫

學術評議者簡介（依姓氏筆畫排序）

- 丘為君　美國俄亥俄州立大學歷史研究所博士
- 吳惠林　美國芝加哥大學經濟系訪問研究、臺灣大學經濟系博士
- 宋鎮照　美國佛羅里達大學社會學博士
- 林玉体　美國愛荷華大學哲學博士
- 邱燮友　國立臺灣師範大學國文研究所文學碩士
- 洪漢鼎　德國杜塞爾多夫大學榮譽博士
- 孫效智　德國慕尼黑哲學院哲學博士
- 秦夢群　美國麥迪遜威斯康辛大學博士
- 高明士　日本東京大學歷史學博士
- 高宣揚　巴黎第一大學哲學系博士
- 張光宇　美國加州大學柏克萊校區語言學博士
- 張炳陽　國立臺灣大學哲學研究所博士
- 陳秀蓉　國立臺灣大學理學院心理學研究所臨床心理學組博士
- 陳思賢　美國約翰霍普金斯大學政治學博士
- 陳清秀　美國喬治城大學訪問研究、臺灣大學法學博士
- 陳鼓應　國立臺灣大學哲學研究所
- 曾永義　國家文學博士、中央研究院院士
- 黃光國　美國夏威夷大學社會心理學博士
- 黃光雄　國家教育學博士
- 黃昆輝　美國北科羅拉多州立大學博士
- 黃政傑　美國麥迪遜威斯康辛大學博士
- 楊維哲　美國普林斯頓大學數學博士
- 葉海煙　私立輔仁大學哲學研究所博士
- 葉國良　國立臺灣大學中文所博士
- 廖達琪　美國密西根大學政治學博士
- 劉滄龍　德國柏林洪堡大學哲學博士
- 黎建球　私立輔仁大學哲學研究所博士
- 盧美貴　國立臺灣師範大學教育學博士
- 薛化元　國立臺灣大學歷史學系博士
- 謝宗林　美國聖路易華盛頓大學經濟研究所博士候選人
- 簡成熙　國立高雄師範大學教育研究所博士
- 顏厥安　德國慕尼黑大學法學博士

經典名著文庫123

常識

Common Sense

湯瑪斯・潘恩 著
（Thomas Paine）
谷意 譯

經典永恆・名著常在

五十週年的獻禮・「經典名著文庫」出版緣起

總策劃 楊榮川

五南，五十年了。半個世紀，人生旅程的一大半，我們走過來了。不敢說有多大成就，至少沒有凋零。

五南忝為學術出版的一員，在大專教材、學術專著、知識讀本出版已逾壹萬參仟種之後，面對著當今圖書界媚俗的追逐、淺碟化的內容以及碎片化的資訊圖景當中，我們思索著：邁向百年的未來歷程裡，我們能為知識界、文化學術界做些什麼？在速食文化的生態下，有什麼值得讓人雋永品味的？

歷代經典・當今名著，經過時間的洗禮，千錘百鍊，流傳至今，光芒耀人；不僅使我們能領悟前人的智慧，同時也增深加廣我們思考的深度與視野。十九世紀唯意志論開創者叔本華，在其〈論閱讀和書籍〉文中指出：「對任何時代所謂的暢銷書要持謹慎的態度。」他覺得讀書應該精挑細選，把時間用來閱讀那些「古今中外的偉大人物的著作」，閱讀那些「站在人類之巔的著作及享受不朽聲譽的人們的作品」。閱讀就要「讀原著」，是他的體悟。他甚至認爲，閱讀經典原著，勝過於親炙教誨。他說：

「一個人的著作是這個人的思想菁華。所以，儘管一個人具有偉大的思想能力，但閱讀這個人的著作總會比與這個人的交往獲得更多的內容。就最重要的方面而言，閱讀這些著作的確可以取代，甚至遠遠超過與這個人的近身交往。」

爲什麼？原因正在於這些著作正是他思想的完整呈現，是他所有的思考、研究和學習的結果；而與這個人的交往卻是片斷的、支離的、隨機的。何況，想與之交談，如今時空，只能徒呼負負，空留神往而已。

三十歲就當芝加哥大學校長、四十六歲榮任名譽校長的赫欽斯（Robert M. Hutchins, 1899-1977），是力倡人文教育的大師。「教育要教眞理」，是其名言，強調「經典就是人文教育最佳的方式」。他認爲：

「西方學術思想傳遞下來的永恆學識，即那些不因時代變遷而有所減損其價值的古代經典及現代名著，乃是眞正的文化菁華所在。」

這些經典在一定程度上代表西方文明發展的軌跡，故而他爲大學擬訂了從柏拉圖的《理想國》，以至愛因斯坦的《相對論》，構成著名的「大學百本經典名著課程」。成爲大學通識教育課程的典範。

歷代經典·當今名著，超越了時空，價值永恆。五南跟業界一樣，過去已偶有引進，但都未系統化的完整舖陳。我們決心投入巨資，有計畫的系統梳選，成立「經典名著文庫」，希望收入古今中外思想性的、充滿睿智與獨見的經典、名著，包括：

- 歷經千百年的時間洗禮，依然耀明的著作。遠溯二千三百年前，亞里斯多德的《尼各馬科倫理學》、柏拉圖的《理想國》，還有奧古斯丁的《懺悔錄》。
- 聲震寰宇、澤流遐裔的著作。西方哲學不用說，東方哲學中，我國的孔孟、老莊哲學，古印度毗耶娑（Vyāsa）的《薄伽梵歌》、日本鈴木大拙的《禪與心理分析》，都不缺漏。
- 成就一家之言，獨領風騷之名著。諸如伽森狄（Pierre Gassendi）與笛卡兒論戰的《對笛卡兒沉思錄的詰難》、達爾文（Darwin）的《物種起源》、米塞斯（Mises）的《人的行爲》，以至當今印度獲得諾貝爾經濟學獎阿馬蒂亞·

森（Amartya Sen）的《貧困與饑荒》，及法國當代的哲學家及漢學家余蓮（François Jullien）的《功效論》。

梳選的書目已超過七百種，初期計劃首爲三百種。先從思想性的經典開始，漸次及於專業性的論著。「江山代有才人出，各領風騷數百年」，這是一項理想性的、永續性的巨大出版工程。不在意讀者的眾寡，只考慮它的學術價值，力求完整展現先哲思想的軌跡。雖然不符合商業經營模式的考量，但只要能爲知識界開啓一片智慧之窗，營造一座百花綻放的世界文明公園，任君遨遊、取菁吸蜜、嘉惠學子，於願足矣！

最後，要感謝學界的支持與熱心參與。擔任「學術評議」的專家，義務的提供建言；各書「導讀」的撰寫者，不計代價地導引讀者進入堂奧；而著譯者日以繼夜，伏案疾書，更是辛苦，感謝你們。也期待熱心文化傳承的智者參與耕耘，共同經營這座「世界文明公園」。如能得到廣大讀者的共鳴與滋潤，那麼經典永恆，名著常在。就不是夢想了！

二〇一七年八月一日　於

五南圖書出版公司

導讀　所謂「英雄造時勢，時勢造英雄」的最佳案例

臺大政治系陳思賢

《常識》一文標記了十八世紀後期西方政治思想的發展總成果，而且是由一個普通人（非學者，非知識分子）的立場所提出的，所以更有意義。但是「常識」這個詞的演化，卻是很有意思的。中文以往大概沒有「常識」這個詞，它應該是從英文common sense翻譯過來。而英文的common sense卻有兩個含義，一個是原本的意涵（由拉丁文字源而來），另一則是通俗含義。通俗意義即是今天我們常說的「基本知識」，或是「普通判斷」。但是common sense原本的意涵要從它的拉丁文字源去尋求，也就是sensus communis的意義。Sensus communis在亞里士多德哲學中指的是人有將感官

資料統整的一種理性能力，也因此是指「恆常」、「共通」的理性。這是一種人類共通的理性，恆久、不變的理性。因此，首先將common sense翻譯成中文的人眞是非常高明，他用「常」來代表common，就同時把兩個含義都包含進去：恆常不變與基本普通。經過這樣的翻譯選字後，現在中英文（常識，common sense）正巧都同時有這兩層意涵。

而我們讀潘恩這篇文章，也應該同時用這兩層意涵來解讀。他認爲其中所言之理，是一般人均可知之簡易道理，卻也是「恆常不易」之至道。在《常識》一文中，他用四大段落分別做出理論論述與對現狀的觀察，但他揭櫫的邏輯思路非常簡單：共和是最適合人類的政體，美洲殖民地現在的狀況唯有尋求共和自治一途才能帶來幸福，最後就是目前殖民地有此軍事實力，故何不獨立？他認爲每個段落的論說與結論都可用「常識」得出，不但人人都可懂，也是不變恆常至理。

其中潘恩的第一段落確實値得我們注意。在這段文字中，他嚴厲地抨擊了英國的憲政制度，也就是許多英國人引以爲傲的「古憲法制度」。什麼是「古憲法制度」？當時贊成美洲革命的，還有一位在英國本土的國會議員，叫做柏克（Edmund Burke）。他其實在美洲獨立革命十年後，跟潘恩有過一場「世紀大辯論」：那就是針對法國大革命，兩人有截然不同的立場。潘恩一如支持美國獨立革命般，繼續支持法國大革命，甚至親自前往巴黎；而柏克卻不像先前對美國革命予以支持一樣，他表達了對法國大革命的誓死反對。柏克爲何贊成美洲獨立革命卻反對法國大革命呢？

這就牽涉到他對於英國「古憲法制度」的看法。柏克認爲英國有一個古老的「習慣法傳統」：一組「久遠無可考」（immemorial）的安格魯撒克遜民族「習慣法」（common laws），它保障了每個英國人生而即有的自由與權利。這些「習慣法」不出於任何人的制定，它是習慣與傳統，在這塊土地上流傳千年，並獲得歷代統治者的承認——從「大憲章」到「權利請願書」再到「權利法案」，都是統治者公開宣示其效力的證據。而所謂「古憲法制度」就是「習慣法傳統」在政治上的表現：國王在徵稅或是徵兵時需獲得人民代表的同意。也就是說「巴力門」（parliament）制度是英國的古憲法的精神，「巴力門」守護了英國人民的自由與權利。柏克爲何贊成美洲獨立革命？因爲在例如印花稅與茶葉稅事件中，殖民地人民的權益受損，國會未獲得他們的同意即強行徵稅。美洲殖民者當時喊出：「國會中沒有我們的代表，我們就不付稅（No representatives, no tax）。」而柏克認爲這些新大陸殖民者是有道理的，因爲他們雖然身在美洲，可是他們實是道道地地的英國人，理應受到英國習慣法的保護。母國執政當局違反習慣法傳統，所以美洲殖民者「造反有理」。而柏克反對法國大革命的原因就是法國並沒有像英國一般的「習慣法」與「古憲法」傳統，以及依此傳統而來的對人民自由權的保障；大革命的理念來自如盧梭所說的天賦人權觀念，這是抽象的理論，並沒有在歷史上行之有效的證據，其結果未卜，所以是危險的，因此他反對。

所以柏克認爲英國的「古憲法」傳統是最好的政治架構，它形成了國會對王權的制衡，也就是君主、上議院與下議院間形成「均衡政體」，即是「君王與議會共治」。但是潘恩卻認爲這個所謂「君王與議會共治」其實是假象，因爲君王乃是英國憲政結構中之「壓倒性部分」，也就是「憲政結構中最有力者」。故而，「吾人之智雖足以將絕對王權囚於房內，與此同時，吾人之愚亦深至將鑰匙交至君主手中」。潘恩警告，英國憲政制度並不是「均衡」而王權被大幅限縮的：因爲國王是「任何奉祿與封邑之賞賜者」，故而「王可爲所欲爲，不爲其所不欲爲，閒散終日，漫度一生，其志未成，其心不滿，對其所治之國，亦無任何增益……」因此潘恩的結論是：「自由之國，應以律法爲君王。」

潘恩這樣的看法，在當時的英國甚至是美洲，都不是主流的觀點。英國人長久以來一直相信King in the Parliament是最好的制度，國王的權力已受到限縮（而後一直演變到今天的虛位），因此至今沒有廢掉君主制。而當時美洲的殖民者，其實一開始沒有想要獨立，只是希望能爭得他們在習慣法傳統下的權利。等到爭取無望，他們才尋求獨立，但是獨立後也並不一定需要成立一個「共和國」，有人甚至建議革命軍總司令華盛頓將軍稱帝。在大西洋兩岸的大部分英國人心中，一如「古憲法」心態所示，有一個議會來制衡王權才是最重要的，廢君主改立共和並不在議程上。

潘恩很明顯並不這樣想——他一心嚮往、鼓吹共和，他認爲新的時代、新的政制必須來到，因爲君主制實是「荒謬」、「自我矛盾」的制度。「將一人摒除於所有資訊管道之外，然再賦予其於必要時，做成最後決斷之權力：國王所處之狀態令其與世事隔絕，而國王所負之職務命其需通達世事」。而英國人迷戀這種議會君主的憲制，「或有出於民族驕傲與成見者」。潘恩指出，如果英國君主未如土耳其君主暴虐無道，「應歸功者，全爲人民，而非政府於憲政制中扮演之角色」。

這樣的立場，在當時的歐洲來說，絕對是屬於先進的。因爲在美洲革命之時，世界上沒有共和國；法國與德國的知識分子都還在憧憬開明專制與君主立憲，就算一七八九年法國大革命後，也要到一七九二年才開始第一共和（但幾年後拿破崙專政，後來又稱帝）。在潘恩一七七五年發表《常識》之前，殖民地與英國母國的衝突較像是國內叛變、內戰，而不是獨立戰爭。然而積極倡議獨立的《常識》一文發表後，才讓獨立之聲響徹雲霄，進而有一七七六年的《獨立宣言》。在一七七〇年代的美洲，潘恩的憲政論點是激進的，他的《常識》當時廣受歡迎，應該說是由於他主張與英國決裂的想法迎合了大衆的憤懣與激情，而不必然代表衆人一致嚮往無君式共和。在一七八三年獨立成功後（巴黎合約）到一七八七年聯邦憲法出現前，共和制才成為美洲殖民者胸中的共識。換句話說，美國建國過程中最重要的人殆屬潘恩無疑，是他把「獨立」這個想法灌進美洲人心中，把「共和」這個制度在新大陸催生。

如上所述，潘恩在《常識》的前半段從尊嚴價值與民主理念上去說服美洲殖民者應尋求建立共和制度，這才是未來眞正幸福所繫；而後半段則對美洲與國際間實際現況作分析，大力呼籲逕行與英國分離。他盱衡美洲內外現勢，呼籲殖民地速謀獨立。「使吾人續公然自稱為英國子民，世界諸國必視吾等爲叛臣逆子。以子民之名揭竿而起，凡此前例，皆曾危及各王國之平靖也」。因此，「唯堅定果決，將獨立之志公諸於世爾，此外別無他法」。這樣做的好處是：

> 國際慣例，兩國交戰，與其隙無涉之中立國，可居中調停，並提出和約之芻議。是故，美洲一日稱其爲英國之子民，任何國家，縱其善意之甚，亦無能爲定紛止爭之事。

潘恩指出果如此或可「……寄望於法蘭西、西班牙，爲吾等之援助……」，這在後來亦成眞。此外，於此時機宣布獨立亦對殖民地內部關係有好處：

> 欲植善習，當趁少時，人之如此，國家亦同。若五十年後，始欲於大陸組一政府，縱非無望，亦當困難非常。貿易日盛，人口日增，致使利益糾葛，既廣且深，混亂則於焉而生。殖民州將與殖民州相抗……

從上觀之，潘恩上下歷史、環顧內外、拿捏時機，不可謂思慮不周矣。他乃出身中下階層的一介平民，沒受多少教育，卻能有如此國際觀與大格局來看待美洲問題，誠令人驚訝。他代表了美國的「平民英雄」傳統。

歸結而論，潘恩的《常識》於一七七五年這個關鍵時刻發表並造成風潮，顯示其在美洲獨立革命一事之歷史進程上實富有雙重意義：如船槳鼓動其力量，如船舵指引其方向。而如此重要的角色，竟然是由一位在英國落寞不得志而遷徙美洲謀求後半生發展的「普通百姓」來擔負，這豈不證明一件事：美洲新大陸從一開始就有著讓有才幹抱負者一顯身手的傳統。美國這個國家的年輕歷史中，此後也一直有著「英雄」與「時勢」間的互生關係。

目錄

導論

或許，以下將提出的看法與觀感，還不能夠廣為時代所接受，以致無法得到社會整體地贊同。然則，若有某件事，人們一直以來不覺有錯，時間長久到成為習慣以後，該事即獲得了正確的外觀，於是，一旦它遭受批評時，人們的第一反應便是抗拒，並為此習慣做出激烈的辯護。不過，騷動很快便會消散；時間，比理性更善於說服。

某項權力正當與否的問題之所以浮現，一般多是由於該項權力受到長期且極度的濫用（同樣的道理，若非受害者已經憤怒到著手進行探究，一些從來不曾被認眞思考過的事情，或許一直都不會受到質疑）；而既然英國國王決定行使王權，支持他口中那個屬於他們英國人的國會，遭到國王與國會聯手荼毒的此地善良百姓必然擁有一特權，可探究前兩者聲稱之權利是否正當，更可拒絕兩者對此地於法不容的篡奪。

作者在本書已盡量小心謹慎，避免論及僅與我們之中某人有關之事。因此，對任何人之讚揚與責難，於本書中都將不得而見。賢才智者、能人名士，無需依賴此一薄冊增光；至於原先對我們抱持不公允與不友善意見者，當會因本書而罷手，除非他們會因停止攻訐我們感到太大的痛苦。

大體而言，美國之自由大業就是全人類之自由大業。許多已經出現以及日後將會出現之情境，皆非美國獨有，而是舉世皆然；所有愛人之人所信仰之原則，率皆受其影響，所有愛人之人對人類之熱愛，亦皆與此次大事件有關。承此，若有人將某一國家棄絕孤立於水深火熱、於爭戰殺伐之中，若有人對所有人類與生俱來之自然權利宣戰，若有人欲將捍衛此等權利之人自地球表面連根拔除，凡此，全是得上天賦予其情感之人所必需關切之大事。此身，同為擁有情感之人類，願不思黨派攻訐鬥爭，故立此論。以上

作者筆

費城

一七七六年二月十四日

I

概論政府之起源與設計及簡評英國憲法

部分論者嚴重混淆社會與政府兩者，對其若非甚少，便是完全不加區別。然則，此兩者非但彼此不同，起源亦自各異。催生社會者，是吾人之需求；催生政府者，則為吾人之惡。社會與政府雖皆能促進吾人幸福快樂，然前者之方式為積極、為正面、為結合吾人之情感；後者之方式為消極、為負面、為限制吾人之惡行。一為鼓勵交流，一為創造差異；一者援助，一者懲處。

無論何種狀態之社會，其存在都較之其不存在為佳。然而，即便最佳狀態之政府，亦僅必要之惡而已；若是最糟糕之政府，就絕對不能容忍了。因為，若即便沒有政府，吾人亦將處於相同之不幸中，而竟然主動容忍，或者被迫接受由政府施加之同等不幸，此時吾人之災難將更形可悲，因為此即顯示，不幸背後之推手即為吾人自己。政府如人之穿衣，為人類失去原始天真無邪之象徵；君不見，世俗國王之宮殿，乃建在虔誠信奉上天者所遺留之廢墟上。畢竟，人於面對良心之驅力時，若真能全心全意、自始至終、義無反顧地服從，就不需任何其他人來為其立法；實則，人們發現，為求保護剩下所有財產，實有必要交出財產中之一部分以達此目的。與一切他者同，人之所以做成如上判斷，乃是服膺「兩害相權取其輕」之智慧。因之，提供安全，乃是政府之眞正目的與設計，隨之而來，必然之推論即爲：無論其架構爲何，若就其外表推算，最能保證提供吾人安全，同時維持最佳本益效果者，即爲一最可取之政府形式。

爲求對政府之目的及設計獲得清楚及恰當之概念，姑且設令有一小群人居住於世上某個隱蔽角落，與外在毫無聯繫；再者，設令其可象徵任何一地或者此一世界之最初居民。於此自然之自由狀態，組成社會將是其首先浮現之念頭。此一念頭之動機容有千種。個人力量與個人需求竟不相稱至此；人之心靈又如此不適於永遠孤獨；旋即皆使其欲自他人處尋得協助與慰藉，他人也反之亦然。雖然，四五成群，即可立一將就之居處於荒野，然則，人可能爲此操勞一世，仍一事無成；單憑其力，樹木能斫者，不能移，縱能移者，不能立；與此同時，飢餓令其無法工作，除此之外，其他一切需求，皆向其發出各種不同之呼喚。患病，非也，甚至單純之厄運，結果即爲死亡；兩者雖尙不足以致命，然而皆可令其無能謀生，繼而最終衰弱至死——死亦不足形容，似應稱爲令其枯萎腐爛爲止。

此一依存之必要，直如地心引力般，不需一瞬，便可融合新來乍到之居民，同成爲社會之一分子。由此而生之互助之惠，功能已同於法律及政府所要求之各種義務，從而使其失去必要——如若，人人對待彼此時，皆能完全依循公道。然則，既然唯有上天能免於邪惡攻擊，無可避免者即爲，該群人民因來到此地之共同目的而團結起來，當其成功落腳於此，克服首波生存難題後，依其承受考驗之程度，就自己應負之責任，以及彼此互相之情感，將各自出現不同程度之鬆弛。此一懈怠之心，將顯明建立某種政府之必要，以補德性之不足。

承此，尋一方便之樹，即可集一州之會，議一州之事；於其繁枝茂葉底下，殖民州所有人民，齊聚一處，就公共事務慎思明辨。其首先制定之規範，極其肯定者，將僅有以規則爲名之資格，除受眾人鄙夷外，別無其他違背之懲罰。而每一人，依其與生俱來之權利，於此最原初之議會中皆有一席。

然殖民地日益發展，公眾關心之事亦隨之增加；此外，每遇大事，即需集會討論，然此時居民已別居分住，路長且遠，已不如最初。人煙稀少，阡陌交通，事務亦少，既輕且微，若仍循舊例，將過於不便；而居民同意將立法事務，交由少數特別自全體成員中挑選之代表處理，其合宜處即在於此。此少數代表應與其任命者禍福相依，休戚與共；當其集會行代議之事時，亦應沿用全體成員集會時之舊例。若殖民地繼續擴張，代議士之數量亦必須增加，為使殖民地無一角落之利益不得到關照，當知適當劃全殖民地為數塊，由各區塊派出其合適人選為最佳；此外，為使當選之人與選舉之人絕不致利害相悖，慣常重選乃成明智且恰當之舉，蓋如此一來，當選者不無可能，於數月之內，便須重回自己所從出之群體，此時，智者當知，若不欲成為衆矢之的，其身負之信任，是可違也，不可違也。如此慣常而頻繁之溝通，將替社會各個不同部分建立共同之利益，當此之時，社會不同之部分便將自然而然地相互扶持，行統治者之力量，受統治者之幸福，皆取決於此自然扶持之上（而非依附於無意義之國王名義）。

如此這般，即為政府之起源及政府之興起；換言之，人之德性既無能治理人世，則外在手段即為必須。此亦為政府之設計與目的，亦即保障自由與提供安全。無論五色如何令吾人目盲、五音如何令吾人耳聾，抑或偏見如何扭曲吾人之意願、利害亦如何遮蔽吾人之理智，理性與本性之心聲將依然做此簡述：以上，實乃關於政府之正確概念。

關於此一政府形式之觀念，吾乃借鏡一條無論任何技倆，都無法將其推翻之自然之理：事物越單純，其功越不易失，序越不易亂，縱有壞能失序之事，亦越易導正。吾將依此箴言，對素來大受吹捧之英國憲制提出評論。當其問世，時代黑暗、世局邪蠻，相形之下，其可稱高貴尊榮，爲理之當然；專制之世，暴政之害，稍有匡正，即爲輝煌之援救。然則，關於英國憲制之未臻完美，常受動蕩紛擾左右，以及無能達成其貌似設定之目標等等，欲析明之，亦非難事。

擁有絕對權力之政府，雖屬人性之可恥產物，然其亦有前述優點，亦即結構之單純；人民苦難之時，當知其苦難之源頭究竟誰也，亦知解救之方法究竟何也，將不受形形色色之原因，五花八門之辦法所惑。然則，英國憲制錯綜複雜、委實過頭，致全體國民受苦多年，尚無法發現問題何在；病因衆說紛紜，且醫若有幾名，藥便有幾帖。

欲擺脫因深植一地，或因經年累月，而常在人心之偏見，吾知其難矣。然而，就英國憲制之各個部分，吾人若願意任自己對其檢之視之，當會發現其組成有三，前二者皆爲古代專制體制之殘留基底，另一則爲具共和思想之新材質。

此三者之其一，乃君王專制之殘餘，於國王一人之上體現。其二，乃貴族專制之殘餘，於上議院貴族之上體現。其三，乃共和之新材質，於下議院議員之上體現——其德性亦爲英國自由之仰仗。

前二者，世襲也，乃獨立於人民之外；故就憲論憲，此二者對國家之自由毫無貢獻。

欲言英國憲制能統合此三種權力，並使其彼此制衡，則徒然使人發噱；該話若非言不由衷，就是平白自相矛盾。

且說，若言下議院乃爲對國王之制衡，即表明以下二事爲眞。

首先，無人看管之國王，即爲絕對無法信任之國王。換言之，渴望絕對之權力，乃君主制先天之惡疾。其次，爲發揮制衡而受任命之下議院，若非較君王更加英明，便是更加可靠。

然則，下議院得拒絕同意政府預算，故下議院可制衡國王之權力，此爲英國憲制；而國王得拒絕認可下議院其他法案，從而國王可反制下議院之權力，此亦爲英國憲制；亦即，英國憲制已先認定下議院較爲英明，復又認定國王較爲英明，試問，除了謬誤，尚有何言？

另，君主制之結構，有其極度荒謬之處；將一人摒除於所有資訊管道之外，然再賦予其於必要時，做成最後決斷之權力；國王所處之狀態令其與世事隔絕，而國王所負之職務命其需通達世事。君主制下，這些互相妨礙、彼此衝突之殊異結構，終令君主此一角色不啻自我矛盾，尚且毫無用處。

部分論者將英國憲制作如下解：國王為其一，人民則為另一；上議院為代表國王之議院，下議院則為代表人民之議院。然而，此說使得任一議院將與自身之所有特徵對立。況且，巧妙構思之解釋，固然使說者愉悅，然一旦深究，實則語義不明，並且無憑無據。夫若將語言所能構造最美麗之建築，作為對某事某物之描述，然若該事物或者只能存於想像之中，或者該事物本身過於晦澀難解，已超出語言可加以描述之範疇，則此一文字建築，雖美麗無比，亦僅為聲音之堆砌，縱能令聽者愉悅，卻無能增益其眼光見識，此事毫無例外。是故，由於論者此一說法之中，不無前述已提及之疑問，亦即，國王何以擁有人民不敢託付之權力？又，此時其何以將永遠受制於制衡？人民若有智，當無可能獻出此等權力；任何尚需制衡之權力，亦無可能源於上帝。即便如此，英國憲制仍提供此等權力存在之規範。

實則，此規範無法勝任其任務；此一手段，既無能力亦無機會完成其目的，即令大費周章，其實自斷生路。因為，重者必然負起輕者；機器之輪，不論其數，亦只由其一引領起動。執此之故，結論無他，憲政結構中最有力者，即為遂行統治者；餘者或一或多，雖有阻礙全體之虞，或者不誨該詞：

雖有因「制衡」而令機器失速之虞，然若不至停止，亦屬徒勞；主導之力，終將遂其意志，至於所失之速，由時間補。

英國憲政結構之壓倒性部分何者？國王也，此無需再提；身居任何俸祿與封邑之賞賜者，乃其所以重要之唯一源由，此亦不證自明。故而，吾人之智雖足以將絕對王權囚於房內，與此同時，吾人之愚亦深至將鑰匙交至君主手中。

英國人偏好其由國王、上議院貴族、下議院議員協同治理之政府形式，此一成見源於民族驕傲者，與源於自理性者齊也，抑或更甚之。無疑者，比之其他數國，匹夫身在英國，安全較能無虞。然則，國王之意志即爲國家之法律，法國如此，英國亦同；差別僅爲，英國國王之言，尚不足以立其爲法，需以國會立法，此一最難與之相抗之模式，始能成其爲法律，施加於人民。至於查理一世之命運，徒然讓國王知城府應更深爾，絕非令其更行正道。

人對某一模式與形式之偏好，或有出於民族驕傲與成見者，已如上述。因之，若能拋之棄之，即可見此明白之事實：英國君主之未如土耳其君主暴虐無道，應歸功者，全為人民，而非政府於憲政制中扮演之角色。

至此，深研英國政府形式，究其種種憲制之誤，即屬甚為必要之事。任何主流偏見，若繼續影響吾人，吾人便無法秉公待人，蓋無此條件也；同理，若刻板成見，依舊禁錮吾人，吾人亦將無法秉公待己；又，溺於娼者，何以擇妻，又何以責妻？故而，對此腐敗之政府，若仍偏愛不已，則吾人將有眼不識良善之政府矣。

II

論君主制及世襲繼承

造物之始，萬物依序而生，既無他種人類，則人人皆生而平等，惟後續條件之變化，平等始不復存；此條件變化因何也？貧者之異於富者，富者之異於貪者，已大抵可知，尚無需另論壓迫、貪婪之汙名。壓迫者，其爲富人之手段絕少也，縱言從未爲其手段亦不爲過，實則常爲結果也；貪婪者，雖使人不致無以溫飽，而有護持之效，然亦常使人怯懦無勇，終不足以致富。

人之異於人另有一者，其異大則大矣，竟無合乎自然，亦無合乎信仰之原因可尋；男女有別，自然之理；善惡之分，天界之理；王之立於上而臣民之俯於下，此何理乎？方其出生入世，少數人何以即可高居於他人之上，直如另一物種般，委實值得探究；而此名爲王者之少數人，究爲人類之幸抑或不幸？

基督聖經有載，自太始之初，至上古之世，王不存也。王之不存，兵禍亦不存也。民之所以困於亂，蓋爲滿足王一人之傲矣。百年以來，已無國王之荷蘭，當較歐洲任何君主領地更享和平。遠古時代亦同，吾人之社會，初爲族長制（**patriarchs**），安靜平和，鄉間田園，爲其生活之寫照，自有其幸福快樂之處，惟自猶太立王之時起，皆不復存。

國王統治，乃由異教徒首創，爲其風俗，後由以色列之子民仿而襲之。實則，其爲魔鬼爲推行偶像崇拜所創之物，傳播最盛、中人最深者。異教徒禮敬其先王，封其爲聖，奉其爲神；我基督教徒竟變本加厲，敬今王爲神聖。夫以聖上之名稱螻蟻，曾不褻瀆眞神歟？光彩輝煌於其外，蚯蚓鑽土於其內，此即王乎？

令一人如此遠高於他人，依自然之平等權利觀之，實無理由，故聖經亦無從爲之辯；上帝之旨，如吉甸及先知撒母耳所示，乃明白反對國王統治。聖經此意，歷代各地之君王，固已精心掩飾，然則，尚無自身政府體制之國家，若願考究此意，定能有所收獲。凱撒者歸凱撒，上帝者歸上帝，雖係聖經就法權一事所爲之疏義，然此非首肯君主統治也，蓋當其時，猶太人並無王，僅爲羅馬人治下之屬民。

且說人類雖未曾窺得其全貌，然需知距世界之創始，方過近三千年後，猶太一族已盡皆受異教蠱惑，要求能有一王。屆其時（除了少數上帝介入之極端狀況），其政府形式皆爲某共和制（republic），由一士師，同族內長者共行治理之事。彼等從未有王，況且，惟上帝可爲萬王之王，若復認任何其他存在爲王，即爲罪惡。故，君主制之政府形式，以其敬凡人爲王，亦即行偶像之崇拜，犯天堂之獨一地位足矣，人若願嚴肅反省之，當不訝異愛惜羽毛之上帝，何以反對此褻瀆之事。

查聖經所列猶太人之罪，採行君主制即其一，爲此報應之故，尚有一詛咒施於彼等。這一歷史，實值吾人細觀。

以色列之子民受米甸人（Midianites）欺壓，吉甸（Gideon）僅領數百人便向其進軍，然拜上帝介入之賜，局面轉而對其有利，於是吉甸凱旋而歸。勝利在前，歡欣得意之猶太人，歸功吉甸領軍有方，遂提議立吉甸爲王，彼等言：「願汝和汝之兒孫統理吾人。」何止王國，更有世襲，誘惑者也，莫大於此；然吉甸秉其虔誠之靈魂，答曰：「吾不統理汝等，吾之兒孫亦否，惟耶和華統理汝等。」吉甸之言一清二楚；其回絕者，非榮譽也，乃人民並無權利賜此榮譽；至若猶太子民之讚詞，吉甸亦無美言，反以先知之言，虔信之意，斥猶太子民之不忠，竟欲忘其應然之統治者，亦即天堂之王。

吉甸之故事約莫一百三十年後，猶太人復又重蹈覆轍。異教偶像崇拜之風，猶太人慕其之深，直叫人莫名其妙。且說，撒母耳有二子，皆爲士師，荒誕無行，猶太人趁此良機，厚顏無恥，力求此事。其向撒母耳言：「汝年紀老邁，汝之子不行汝道，現求汝爲吾等立一王，治理吾等，與列國同。」言方至此，吾人便已不得不論其動機之卑劣，其欲藉此與他族他國同，亦即與異教徒同，然則，猶太人之光榮，若其欲爲眞，實在於與異教徒能多相異，便多相異。續言之，時當猶太人言：「爲吾等立一王，治理吾等」時，撒母耳甚不悅之，故其告於上帝，上帝答曰：「彼此厭棄者非汝你，乃吾也，乃不欲吾爲其王。」

「自吾領其出埃及至今，彼等棄吾別事，所在多有；現彼等向汝所行者，一如素來矣。故，汝且依從，惟應勸之，將來彼王之治，當爲何種情形。」亦即，非僅一王，乃所有王，汝等以色列之子民，仿而效之，且盼且望之王「皆必如此」；縱時間遞嬗，法門變化，其本質依然。於是，「撒母耳將耶和華之言，盡傳之於求其立王之百姓」，曰：「汝等之王必如此：必令汝之兒，爲其騎車、伴馬、奔走於車前（此言與今日強押人入伍之情景如出一轍）。又令其作千夫長、五十夫長，爲其耕種、收割莊稼、打磨刀兵、並車上器械。必取汝之女兒爲其製造香膏、作飯烤餅（此言固可見國王之奢侈揮霍，亦可見其欺凌壓榨）。也必取汝之上等田地、葡萄園、橄欖園，賜予其臣僕；汝之食糧與葡萄園之所出，他必取什一，予其官吏僕役（此可見凡國王難除之惡：取賄、腐敗、偏私）。又必取汝之僕人婢女、健壯少年、並汝之驢，供其差役。汝之羊必取什一，汝亦必爲其僕。屆其時，汝等必因所選之王，哀求耶和華，耶和華卻不應允。」凡此，即爲世襲君主制；自其存在以來，縱有少數賢君，其品德尚不曾令其名銜入聖，亦無能爲其起源洗脫邪惡之名；大衛之得盛讚，以其爲領王位之人乎？非也，以其爲遵循上帝旨意之人也。然而，「百姓竟不肯聽撒母耳之語，彼此曰：不，吾等定要一王，治理吾等、統領吾等、爲吾等爭戰」。撒母耳續與其據理力爭，然僅屬徒勞；縱令直陳其忘恩負義，亦與其他言語同，皆不生效果。眼見其一意孤行，撒母耳疾呼：「吾將求告耶和華，祂必打雷降雨（其時乃是麥子收獲時節，雨水將成一大懲罰），使汝等既知且明，汝等求立王一事，乃在耶和華前犯大罪。」於是，撒母耳求告耶和華，耶和華便於這日打雷降雨，衆民乃懼怕耶和華和撒母耳甚，對撒母耳言：「求汝爲僕人禱告耶和華，即汝之神，免吾等死亡，因吾等求立王之事，確爲罪上加罪。」聖經此番章節，意義直接，心意虔誠，其絕不認莫衷一是之制度；因之，若非上帝確實表明，其反對君主統治，便是聖經所言有誤。而吾人足以相信，自號天主教之國家，其神職者逼迫大衆不可接觸經文眞義一事，其中所用權術之深，並不亞於國王；畢竟無論何國之君主制，皆自稱依天主教統治。

吾輩於君主制（monarchy）之上又有世襲制（hereditary），實令其惡上加惡；前者既爲對吾輩本身之貶損，後者之爲權利，便屬對後代之侮辱，與對其之侵占。凡人最初皆爲平等，此已如上述，故無人可有一與生俱來之權利，將自家族裔永置於他人之上，當時當刻，其本人之功業品德，或有可敬之處，然其後代或許竟一無是處，直無續任爲王之理。世襲權利之愚蠢錯誤，最強烈之證據即與自然不符，若非如此，自然之母不會每每賜予人類一披獅皮之驢，藉此以爲詭戲。

其次，一人所能得之榮耀，使其爲公衆也者，當無從多於公衆直接賦予其者，反之，即令公衆本身，亦無能力以後代權利一併賦予其人。其縱可言：「吾等選汝爲首」，然一旦其言：「汝之子、子之子，可萬世萬代統領吾人」，即不可不謂對子孫不公。僅因此一不智、不公、不符自然之約定，待次任國王即位，或許便使其子孫淪受昏君，抑或暴君之治。大凡有識之士，若不爲違心之論，必鄙夷世襲權利，然則，世襲權利之惡者，其一即爲一旦已成，則難拔除矣。因畏懼而屈從者，多也，因迷信而效忠者，亦有之；至於權勢者，乃與國王狼狽爲奸，魚肉百姓。

以上所言，尚且預設，世上現存之國王一類，皆有光明正大之起源；然十有八九，吾人若揭去遠古時代之黑幕，追溯所有其最初興起之由來，當見其大業之始，不過身爲某一凶惡匪團之要角，因其手段殘忍，復工於心計，遂成爲首領，隨後再招兵買馬、四處掠奪，令既安於和平，又欠缺武力之人，出於恐懼害怕，按時獻禮納貢，以求保全。然則，選其爲王之匪徒，當無一併任他子孫，擁有一世襲權利之想法；蓋如此一來，其自身將排除於未來王位之外，乃與其所信奉者，即自由自在之生存原則，有所不合。因之，君主制初期，若有見世襲繼承者，其出現並非王之某子，起而主張此為權利，而實乃偶然、權充之事。惟，當時之書文，如今尚存者，幾稀也；此傳說時代之史，唯寓言爾，時序經過，日換星移，欲假某一虛構故事，寓迷信思想於其中，令前因後果有利於己，一如穆罕默德所為者般，當可輕而易之，將世襲權利令百姓囫圇吞棗，進喉入腹。或謂，每當首領之死，使新首領之選舉為必須，秩序因此而亂，或有因此而亂之虞（惡徒之黨，決其首領，則混亂當可期），乃早先世襲權利廣受支持之由。然此亦謂當其時，或者，迄今為止，原為權宜方便，不得不然者，竟僭為一權利，尚且可得主張。

英國，自諾曼第征服起，固曾有數位賢君，然其大多時期，皆於昏君、暴君治下哀號。無論是賢不賢，凡為英王，率皆言其王位承自征服者威廉，此一主張，凡理智清明者，當無法認其為光榮。蓋法國一雜種獨夫，率一眾惡黨，手持兵器，強行登陸，無吾國人之同意，即自立為英國國王，直言之，此一盜匪般之起源，既不知得意之處何在，更毫無任何神聖之處可言。世襲權利之誤，若欲指明，實不費工夫，然若有因軟弱所致，深信不移之人，吾當任其不明究底，卑躬屈膝，敬其雄獅，亦敬其驢子，皆欣然以觀。吾當既不法其謙遜，亦不擾其虔誠。

然則，吾將樂於叩問：依汝之意，最初之初，國王者，由何來也？此問之答案有三，若非命定，即爲推選，或者篡位。最初之王，若由天命，即開命定之先例，於是乎無所謂世襲繼承權。掃羅即由神選定，繼掃羅位者，即非其子，神之選掃羅，從中亦無可認神之意旨，乃此後應採世襲也。其次，某國最初之王，若由推選而生，亦開推選之先例，於是乎無所謂世襲繼承權，此同前也；蓋若言憑首任選王者之決定，即可剝奪未來所有世代之權利，換言之，首任選王者所選者，非一王也，實爲一萬世一宗之王室，此言於聖經之內外，皆無引徵，若以此爲聖經之義，已犯人之原罪，蓋其所喻者，即人人之自由意志，皆已於亞當一人之上失落。且依此類比，只可得一事，即世襲繼承制，當無榮耀之處。蓋若因亞當之故，人人皆爲罪人，一如因首任選王者之故，人人皆需遵從；前者，欲言全人類皆聽信撒旦，後者，欲論全人類都服從王權；前者，吾等已丟失吾人無邪之天眞，後者，吾等已丟失吾人專屬之權柄；此兩者，一稱吾輩無能改邪歸正，一稱吾輩無能失而復得，既然如此，除謂原罪正可比附世襲繼承外，尙不知作如是想；與原罪同列，不可恥乎！與原罪對偶，不可鄙乎！然即令絕世之說客、千古之辯士，曾不能作更貼切之喻。

至於篡位，當無人鐵石心腸至此，強欲爲其分辯。而征服者威廉，乃一篡位者，則爲不可否定之事實。英國君主制之史，實不堪入目，明矣。

然則，世襲繼承制關乎人類者，謬誤之事小，爲害之事大。上帝必亦認世襲繼承制爲可，設若其能保證繼任爲王者，皆爲善良睿智之士；然其既已爲不智、敗德、無能之輩大開方便之門，則無法認其本質非壓迫百姓也。任一獨夫，若信其生來便有權統治，他人唯有聽命臣服，不假時日，必至傲慢自滿，不可一世；其身爲芸芸衆生，萬中選一之人，則自大之毒，早早害其心智；其身所處之世界，亦大大不同於外，縱令其欲知民間疾苦，識世事人情，亦無機會；待其就大位後，其之無知無能，不善其位，領內無人能出其右也。

世襲繼承之另一爲害，乃幼年即位；但問有權，即令三歲孩童，足月嬰兒，亦在所不論。於是，於國王未可自行視事前，需有數名攝政大臣，依國王之名義代行其事；其所得之信任，重矣，然其眼前所現之機會、所受之誘惑，更重矣。故王年幼而即位，實爲國家之禍，而若王年事已高，飽受老病折磨，於是弱點百出，致重臣亂政，亦爲類似之禍。無論何者，爲亂之人，常藉一國之主，或少年無知，或年老力衰而得利，當其之時，因其惡行而受害者，皆爲百姓。

迄今爲止，贊成世襲繼承者，其辯詞中貌似最有理者，乃其能使國家免於內戰。此言若屬實情，委實鏗鏘有力，然而究其實際，此爲有史以來最厚顏無恥之謊。整部英國歷史，盡皆駁斥此言。自諾曼第征服以來，此一紛擾之王國，受國王之統治，成年者三十，未成年者二；當此期間，最保守計，內戰有八、叛亂十九（含光榮革命）。據此，世襲制並非促成和平，乃係破壞和平，從而其毀壞者，爲其本應奠基於上之基礎。

約克（York）王朝與蘭卡斯特（Lancaster）王朝為奪王位，且為主張繼承之權利，雙方之鬥爭，令英國之舞台前後多年上演一幕幕血腥戲碼。其中，亨利與愛德華兩人，正式對壘，先後即十二回，尚不計其他衝突騷擾。亨利二度為愛德華之俘，後者日後亦為前者之階下囚。夫兵事之起，若除私人恩怨，別無其他緣由，則勝負之天，國家之勢，皆全為未定之數耳。一時之勝，固然能起亨利於牢房，迫愛德華從王宮，令前者入宮稱王，後者亡命海外；然變化之勢，來者若急，去者亦速，亨利復失其王座，愛德華又受召繼承；而國會自始之終，皆見風而使舵。

此次王位爭奪，自亨利六世之世而起，至亨利七世合二王朝為一，始能告終；前後共六十七年，始年為一四二二年，終年為一四八九年。

簡而言之，君主制暨繼承制，已將世界（而非僅將此王國或彼王國）推落鮮血與骸骨之淵藪。此一政府形式何謂也？上帝親言反對，血腥常伴於側。

至若深究國王之職掌，可知有毫無國王職掌可言之國家，王可爲所欲爲，不爲其所不欲爲，閒散終日，漫度一生，其志未成，其心不滿，對其所治之國，亦無任何增益；至其步下舞台，長眠九泉，繼位者亦僅步此一事無成之路矣。亦有絕對王權之國家，內政軍事，舉國重擔，盡由國王擔之；以色列之子民求爲其立王時，大聲疾呼者，便爲此王，故其言：「治理吾等、統領吾等、爲吾等爭戰。」雖言如此，若其竟非執法者，亦非軍事統帥，一如英國之例，則國王將不知其權掌爲何也。

政府形式去共和越近者，國王之職掌越輕。故欲爲英國政府形式命名，不啻爲一難事。威廉・梅洛迪斯（William Meredith）爵士稱其爲共和，然就當前而言，英國實不稱共和也。蓋少數腐敗之人，盡得全國之土地，實已可掌國家之權柄，國王亦不得忤之也。此者，已將下議院精神（即英國憲制中之共和部分）啃蝕一空，復使英國政府去法國、西班牙之君主政府較共和爲近。英國人自豪者，非其憲制中之君主部分，而係其共和部分，亦即能從人民自身，選舉下議院成員之自由——故而，共和精神之不存，奴役狀態便生，即可易見。英國憲政，如此體弱多病，除共和受王制之毒害、人民爲君主之禁臠，尚有他因乎？

就英國論，與國王有關之事務，惟宣戰及分封耳；白話言之，國王所負責者，一爲消耗國庫，一爲「行二桃殺三士」之事。年領八十萬英幣而做此事，豈不輕鬆乎？況且其乃於衆人崇拜擁戴之下接受此職。任何正直誠實之士，其有益於國家社會，其得信於上帝之處，當更多於有史以來，所有頭戴王冠之惡徒！

III

對美洲當前情勢之思考

以下所提出者，凡事實則顯而易見、凡說理則簡單明瞭，凡判斷則合乎常理，此外別無其他；讀者亦僅需做好如下準備：捨成見與偏見於後，任理性與感想自決；僅取人心之端，且慢，毋寧曰莫捨人心之端，慷慨其視野，大之擴之，至超於時代。

英國與美洲之角力，此一爲題，著作已繁。無論出身，人皆共襄盛舉，參與議論，動機儘管不同，方法各自殊異；結果盡皆徒然，而可供論辯之時間已訖。武力，此一最終手段，將定爭局之勝負；英王之抉擇如是，我大陸亦當承其挑戰。

據載，昔之佩勒姆（Pelham）先生（時任首相，其才得堪之，然此事佩氏亦得其咎），曾因所提之法案，僅爲一時之用，致受下議院非議，方其時，佩氏答曰：「吾便要其用於吾之時。」若此刻我殖民地之衆，竟亦秉持此般意氣用事、毫無擔當，然終究攸關生死之見；後世子孫每念及吾輩之名，必將恨之惡之。

價值不凡之功業，絕無一帆風順，稱心如意之理。而此事已不限一城、一地、一省、一國，乃是一大陸之事；占世界可供人居之地，八而有一。亦非僅限一天、一年，或一代之事；吾人之後代子孫，實亦已與戰，蓋吾人此刻之作為，多少必影響後世，所及者其百世萬世乎，直至無盡之時也。故，此即播種之時：美洲大陸之團結、信心與榮耀之種。吾人若能於此刻留於世者，哪怕其為秋毫之縫，亦將似以釘尖刻細字於幼木軟皮上，木且長且大，縫口僅隨之，至後代之人能於樹上所見者，蒼然大字也。

方此事由論理之爭化為武力之戰，乃登一新政治領域，觸一新思考方式。開戰以前，一切計畫、提案，或其他對策，自四月十九日起，皆如去年之曆，雖能切中時宜於彼時，然已一無所用，需淘汰於此時矣。當其時，無論主戰主和，論者所提之議，盡皆止於一言，即需一統於英國。雙方異於彼此者，僅一統之方法也，一曰強之以力，一曰動之以情；然，此刻觀之，英國力已不足強吾人，亦已無情可動吾人。

英美和之利，言之已足，無需贅論，然其僅如一美夢，夢醒無痕，徒留吾人與此現實對。故此刻適足反其道而行，不論和之利，乃論不和之利，即若合於英國、續為英國之屬地，則各殖民地已然承受，且續將承受，有形有質，非空穴來風之種種苦難，便需究其深之，即令無法竟其全功，亦應檢討部分。申言之，當據自然之理，人性之識，審諸與英國之臣屬，以明若離於英國，吾等應依於何乎，若臣於英國，吾等又將臨於何乎。

吾曾聽論者云，美洲之成，乃附於與英國合之羽翼，故必也不變其合，始符美洲未來之福；此為不變之理。吾未見謬者更甚於此乎。若依其理，吾等當可論，蓋孩童滋補於乳汁，故無需食肉，又或者論，弱冠以致不惑，應以弱冠前之習性為榜範。然，即令後二例，猶勝於前。蓋吾可斷言：使無繫於歐洲強權，美洲之成亦同，甚且猶有過之。夫美洲之富，所憑何者？民生必須之貨也，使歐洲一日需食，吾人之貨便一日得售。

論者亦云，英國曾為吾人之衛也。吾人為英國之禁臠，然也；英國曾以其財貨人命為美洲之衛，此亦信然，需言者為，吾人亦以自己之財貨人命，同為美洲之衛。然，英國之護美洲所為何，一者通商，一者領地，使其同此念，即令土耳其帝國，英國亦將衛之也。

哀哉！成見經古歷今，歧吾人之正途久矣，迷信既深且盲，索吾人之犧牲大矣。大英帝國所爲之護，吾等未及深思，誇而大之，然其動機非爲同胞情誼，實乃爲利；其之爲戰，非爲吾等之故，而抗吾等之敵，乃爲彼等之故，而抗彼此之敵。故，是任英國素行依舊，誇言其對大陸之權利，抑或，吾等脫英國獨立，而與法蘭西、西班牙停戈止戰，縱其與英敵。漢諾威邦最近之戰，並其所受之難，當可令吾人心生警惕。

晚近於大陸會議，亦有論者謂：各殖民地，非以母國爲介，即無關連爾，換句之，賓夕法尼亞州與澤西州，並與其餘各州，乃經英國之母，方爲兄弟姐妹。即欲論各州之關連，此說實轉折非常，然若欲論敵之所在，此說則方便非凡，正確無比，唯此處之敵，僅設言也。蓋，若吾等以美國立世，法蘭西、西班牙素無嫌隙，近無扞挌，日後許其亦能與我美國永保和平，然設若吾等爲大英帝國之子民，彼等即爲敵。

尚有謂曰：英國者，母國也。若然，其所作所爲，人豈不更恥之乎？虎毒尚不食子，蠻夷尚不傷其親；令英國確爲母國，此即其所得斥之者；然實則英國非母國也，或此言僅部分屬實，即令如此，母國之謂，已爲國王及其食客，以舊教般之卑鄙用心，仿耶穌會教士之奸詐企圖，據而用之，以求能自吾人理性之不足，起偏袒其人之見。美洲之母國，歐洲也，非英國也。新世界者，自始即爲一庇護所，容出身歐洲各處，熱愛公民暨宗教之自由，然受迫害者而納之。無論其所出何國何地，其所脫者非母親之溫柔懷抱，野獸之殘酷侵害也！英國之情，迄今如此；暴政之驅人離家去國，自第一人起，久則久矣，尚不見其終。

吾等，於此廣大地域，忘諸三百又六十英哩（英國之地長）之狹隘界限，進彼此之友誼於更上層樓；凡信奉天主之歐洲人，吾人皆稱之以弟兄，並爲此開胸敞懷之情，鼓舞歡慶。

地域之成見，中人深矣，然於吾等格物致知、見多識廣之漸，乃已日益脫其影響，此一演變，吾且述之，不亦樂乎。任一英國市鎮，皆分有教區，故市鎮之民，平日因與教區教友休戚與共，故而往來最盛，並以鄰人相稱；然若有二英國人，相識於離家數哩之外，則常捨其狹隘之街坊意識，改以市民相稱；若其離鄉背里，相識於本郡外，則其將忘卻街坊村鎮之局，改以同鄉相稱，其意即同郡之人；續而，如其之去國，使其相識於法國，或歐洲任一地，其因地制宜之相稱，復擴而大之，乃爲英國人。按，此一理路，若不偏不倚，推之於相識於美洲，或地球上任一地方之歐洲人，則渠等亦皆同鄉也。蓋英國、荷蘭、德國，乃至瑞典，以世界觀，彼等乃若一郡；正如街坊、村鎮、郡縣，以里丈觀，之所以同異一般；凡此區分，若續用於大陸思維，則失之狹隘。況乎，即令吾所處之州，居民之中，英人後裔，三者尚未有一。據此，吾拒絕母國之稱由英國獨享，否則當屬無知、短視、自利、唯我。

然則，即令吾人全爲英國後裔又若何？答曰：何事也無。英國，既爲吾人當前之公敵，亦只爲吾人當前之公敵，別無其他名銜矣。故，若仍言我爲子國，和解爲吾等之責，實乃欲引人發噱。現代英王系譜之首（征服者威廉），乃法國人；英國半數之貴族，同爲法國後裔；若同此理論，英國不當受法國統治乎？

殖民地與英國若並其力，足可睥睨於當世，此已有多人論。論則論矣，實則又為何？按，戰爭之數，未定之天；更遑論此之一言，毫無實益，蓋英軍於亞、非、歐洲之戰事，吾大陸絕無盡吾居民之命以為援之理。

復又，即令睥睨於當世，於我等當有何用？吾人之目的乃貿易也，妥善營之，便可保吾人與全歐洲之和平與友誼。因美洲港口，能自由予之通商進出，乃歐洲諸國之利事。故，貿易永為美洲之防衛；美洲之匱乏金銀，則令侵略者裹足。

縱有正心誠意，支持和解之人，其是否能舉一利，一之即可，乃我大陸若續為英王之屬而可得者，吾疑之也。吾當申言：縱一利而不可得。吾人之穀麥，售於歐洲任一地之市，皆可得其價；吾等所購之貨，無論入自何市，亦無不訖其價之理。

然，若忠於英王，吾人所受之損害，所擔之不利，則無以數計；而吾等為全人類、為吾等自身所應負之責，當命吾等與英國絕裂。蓋，我大陸之屈從於、附屬於英國，每令歐洲之戰事爭鬥，一同吾人之戰事鬥爭，使吾人無從以列國睦；吾等與之昔無宿怨，亦無不滿，甚至，若非英國故，其必亦欲為吾等之友。而吾等之貿易，既以歐洲為市，吾等當無道理，偏頗一地，獨厚一國。將歐洲之紛爭，置於度外，始符我美洲之利；然美洲一日臣於英國，此即為緣木求魚，且吾等終將僅為一砝碼，受擺布於英國政治天平之上。

歐洲之地，王國密布，使其和平無以長久。英國每與他國有戰，美洲之貿易必隨之而毀，此皆因美洲與英國合。來日之戰，許將不若最近之戰，然其不若，使為更甚之，屆其時，此刻謀與英和解之人，當悔何以不與英分離；蓋至其戰，置身其外，當較戰艦一艘，更能護衛吾人商船之周全。凡合乎是非，法乎自然之事物，皆為分離辯。被害者之鮮血、天地之哭聲，其所哀嚎者，皆此即應與英國分之時。甚且，上帝所以置英美相去千哩之遙，當亦為自然所示之明證，證曰：由其中一者，統另一者，絕非上天之旨意。同理，人類求得美洲大陸之時間，更爲此論之輔，人類移居美洲之法，亦爲此論之佐。宗教改革之事，後於美洲之求得而發生，亦猶似上帝以其仁愛，特啓一世外桃源，於家國不待之以友愛、不安之以平安時，供後世難民爲避。

英國之領美洲、英國於此所設之政府，必有其終時，唯遲早爾。願正視此事之人，秉其愼思明辯所得之定見，而念及其所謂「當前之典章法度」，將僅有一時之用時，乃無以爲喜。又，爲人父母，念及此一政府，其來日尚不知幾何，故無論欲遺後代何事何物，皆無以確保，又當何以爲樂。況乎，此刻之舉，已將令子孫負吾等之債，若半途而廢，能不謂爲刻薄無情，而慊子孫之慨乎？此昭然之理。故，當此之時，吾人之責究竟爲何，若欲求得正解，當應執子女之手，並以數年後之未來，定於此世立身之則，始得而知；蓋，若能以此思之，人方可見一光明遠景，而不受此刻些許之畏懼暨成見所蔽。

查，此書所欲立之言，若無必要，即無需犯他人之怒，此吾雖勉力而爲，然吾仍同此見，即凡信奉和解爲上者，多不出以下之類：有利害關係者，故其不可信；性格軟弱者，故其不能識；成見既深者，故其不願識；另亦有部分，乃老成持重之人，然其心所慕之美好歐洲，究非實際之歐洲。後者，較諸前三者，以其立基錯誤之深謀遠慮，反為危害美洲大陸更烈之源。

美洲人民之苦難，能身居千哩之外，實乃餘人之幸；英國之惡，現僅橫行此地，不致令世人能身同此境，而知美洲人民之財產，如何似風中之燭、覆巢之卵，朝不保夕，人人危之。然則，吾人且以心念弭其遠近，置己身於波士頓片刻，便可由此地之痛，長自己之智，而知對一無信之國，應永遠脫離之為是。此鎮不幸之民，不過數月以前，尚且無憂無慮、無匱無乏，如今竟除留下而餓死，抑或離家而為乞，此外別無他者。若其不願離鎮，鄰人之火，亦當危其房屋；若其果然離鎮，身家又將為兵士所奪。就其當前所在之境，此鎮之民，實為沉冤已無法可雪之囚，而義士為求其釋，對波士頓所為之合攻，又置鎮民於兩面炮火之下。

逆來順受之人，以其生性，乃就英國之侵犯不甚予以為意，並以君子之心度之，故常請籲：且讓吾等盡釋前嫌，與英國重修舊好。然則，若吾人深究人性，喜怒愛戀、情感知覺，取此自然所造之規矩墨繩，就和解之議檢而測之，然後，汝方言我，從今而後，對此令汝家園毀於兵燹之國，汝仍可愛之、敬之、忠之、事之乎？若答之爲否，則汝所爲者，豈非自欺欺人？甚且，因擔此時機，而遺害於子孫乎？若如汝之所言，美洲之續爲英國所屬，然汝無能愛之，亦無能敬之，則此附屬，非發乎眞情，乃受迫而爲，而其所以立之計，所求者亦僅眼前之便，則不出多時，其所復萌之故態，當更甚此次之害。至若，倘汝竟言：我等亦可不追究英國之暴行。則吾當反問：汝之家園曾毀於火乎？汝之父母、兒女，曾死於汝懷抱，獨留汝一人失其所依，苟活於世乎？若答之爲否，則汝之此言，所憑者何？若答之爲是，而汝仍可與害汝之凶手握手言歡，則汝有何面目，可擔家長、父親、友伴、愛人之名？又有何面目，擔生而於世，其他可得之名？汝所有者，僅懦夫之心、佞臣之性也。

　　上之爲論，非爲煽風點火，亦非言不符實，乃是以天理人性爲本之情感而度之；若欠缺此情感，吾人當無能貫徹生而爲人所應負之社會責任，亦無能歡享生而爲人所能得之幸福喜樂。吾之所爲，非爲求仇恨之生，始散播駭人之事，乃爲振昏發聵，令吾人不致怯懦無勇，直至鑄下大錯，亦爲令吾人醒吾人於未知，而知有一定向，可堅決以尋。美洲之所以落，非因英國之力，亦非因歐洲之兵，乃因其猶豫遲疑、畏縮膽怯，而自落也。今年之冬，若能善用，則其將非一季，而爲一世；然若任其流逝，不知其輕重，則大陸之民將盡受其難，無一得倖；且此難縱千種萬種，皆爲人所應受，無論其爲何人、其所務何事，或其身處大陸何處。蓋吾等既捐此至關重要之一季以爲獻，則此或可爲吾應得之酬。

欲認此一大陸，仍可從於任何外在勢力，而爲其屬地，實乃有背理性、有違宇宙萬物之則，亦不符往昔所示之例。即令對英國至極樂觀之人，亦不做如是想。當此之時，便窮世人之智，亦無法謀一計策，能既無需分於英國，又可許大陸一年之平安。於今，和解已是幻夢。天命若欲兩者分，則人力當無法令兩者合。蓋，如彌爾頓之言：「以不共戴天之恨，穿筋斷骨所致之傷，縱謂和解已爲之癒，必也僅生表皮而無新肉矣。」此見誠智慧也。

爲求和平相處，吾等已盡爲溫和之手段，然皆無其效。吾人屢次請願，皆受其拒之而不屑一顧，故吾人日益爲信：能悅君王虛榮之心，增君王頑固之意者，莫甚於再三祈之、反覆求之；亦莫他者，較屢番請求而受拒之寸度，更能化歐洲君王爲絕對之物；此觀諸丹麥與瑞典之處境即可知。據此，除奮力擊之，此外既無他法，爲顯天父之義，吾等且絕而斷之，不復爲合，以令吾等之兒女，不致爲虛有其名之母子親國之稱，而受人宰割。

若謂：從今而後，英國將絕不故態復萌。非僅無根無據，亦復不切際。昔者，撤銷印花稅法之事，吾人亦作如是想，然不出二載，旋即醒悟；故若信此爲眞，當如同以爲一國一族，一旦曾敗於前，日後便將永不再起爭端。

至若，就統治之事爲論。欲治大陸以公道，乃英國盡其所有之權，亦無能爲之者。大陸之事務，日增夜長，日新月異，不出多時，其繁雜程度，當適去我如此遙遠之國，知我如此懵懂之王，所能忍其不便而治之；又，彼等既無能征服大陸，便無能治理大陸。凡有一事，皆需涉海數千哩，以爲告知，或爲請願，然後待四、五月餘，始得一回覆，爾後又需待五、六月，方能使大陸之民盡知回覆之意；不出數年，人必視此法爲愚蠢之行、幼稚之舉。一事之止，便如一事之行，皆有其適時也。

無力自保之小島，適足臣屬於王國，而附於其羽翼之下；反之，欲以一大陸，永爲一島國之屬地，此之爲論，荒唐至甚。以天文爲例，自然之造物，從未令一衛星，曾大於其主星，而觀於英國與美洲之地，復觀於其主僕從屬，則乃逆自然之常序而行，故曰：此即兩者所屬之體系，應予分離獨立之明證；英國之歸於歐洲，而美洲之屬於其自身。

吾作此論，非受驕心所激、朋黨所誘，亦非受忿恨所驅，乃奉分離與獨立之說爲信；吾作此論，乃本諸良心，清楚明辨，認其無誤，而知其可信，乃言非如此即不對大陸有利；乃言若不與英分離，若不舉獨立之旗，而尋他法，無論此他法爲何，盡爲東拼西湊爾，無法據以爲長治久安、一勞永逸之計，僅爲將刀劍留交予子孫，而自己退卻於此時，然此之爲時，乃已爲山九仞、已行九十里者，僅一簣之功、十里之遙，即可令此大陸耀於世也。

英國既絲毫不顯妥協讓步之意，吾等亦可據而確定：即令和解之議可啓，其條件必不可允，亦必無足以償吾人已毀之財、已失之血。

和議之果，條件之訂，其所爭者，必應與義合，而符於戰禍所生之害。北方駐軍之拔撤，朋比爲奸之整肅，尚無由以百萬之價爲易。貿易一時之挫，雖屬不便不利，然若其可促所有惡法之廢，果其爲廢，則當足以平之。反之，若全體大陸皆需持械而起，任何一人皆需化身兵士，費時費力，冒命而戰，而所抗者僅爲一卑劣之內閣，則難謂能稱之也。爲求惡法之廢，且吾人奮力所求者僅爲此，則我方所失者，實至深至重；況且，持平估之，以邦克山之役爲代價，吾人所獲者若爲土地，已愚不可及，縱所獲者爲良法，亦無不同。而吾自始至終，所思所念者，即大陸之獨立，此事之現，或早或遲，然已無可避也，而觀諸近期，大陸之發長，進步神速，一日千里，可知獨立大業之起，當已在不遠之處。故而，值此戰事方起之際，復曠時廢日，爭執獨立與否，此一時間遲早分解之事，實乃不知輕重緩急，除非吾人欲認眞爲之，始另當別論；否則，此舉便如將地產閒置於訴訟之爭，僅爲使租期方屆之佃戶，返其所占之佃地。一七七五年四月十九日，萊辛頓大屠殺之前，無人祈望和解之可成更甚於吾，然，是日之血案，其流傳爲世人所知之時，吾與該等鐵石心腸、性情乖戾、幾如蠻族之長、部落之首之英王，即永絕如覆水破鏡矣；故吾亦鄙此小人而棄之，以其誆稱萬民之長，聞其民之就戮，竟能不以爲意，染其民之鮮血於衷，竟能安穩而眠。

又問：設若英方此刻，竟欲償吾等之損失，則勢又將如何？答曰：此將爲大陸之滅也。理由有數：

其一，屈其時，治我大陸之權，續爲英王之所有，亦即，大陸一切法律之立，其人皆可拒而否之。據此，其之爲自由之死敵，既已展而示之，其之求專斷權極若渴，亦已發而見之，則其是否非否，爲一適當之人，能以此言謂殖民地，即：「汝等所立之法，非稱吾心意不可。」而美洲大陸之民，豈有任何一人，竟愚昧至此，而不知所謂現行之典章，若以其爲本，則大陸所立之法，實非得國王之允許不可？又豈有任何一人，竟不智至此，而念及過去所歷之事，猶不能知：其所遵之法、所循之例，將無一爲此地之人所訂，而符其日常所需？若乏立於美洲之法，即同若從於英國爲吾人所立之法，皆爲使吾人無異於奴隸也。吾之損失，若如其所謂，待其補而償之後，君王之權，必也復臨於此，而盡其可能，置此大陸至卑至下，此豈能有疑異乎？故，殖民地非將蒸而日上，乃將江河日下，縱非如此，亦將與英國爭吵不休，永無寧日，或者請願不止，無從爲政。吾等之力，現已強於君王所樂見，則待此事一終，其豈有不致力打壓之理？一言以蔽之，此國既妒我之富，則其宜治我乎？此一爲問，凡答曰否者，則皆爲獨立義士，蓋獨立所謂者何？其義僅此一問：當由吾人立自己之法，或當由此大陸前無古人，甚至後無來者之大敵，亦即一國之君，謂吾人曰：「法者，盡皆需合我意。」

當有人論：否決之權，國王於英國亦有之，該國之民，無其同意，法亦無以立。吾可以此爲答：若論規矩之正、秩序之善，則方逾弱冠一冬之少年，此即英王較常即位之年，竟可對數百萬計，智歲皆長於其之民，曰：「吾不欲汝等之某某法案爲法。」此不荒謬異常乎？此處，吾雖願續顯其謬誤而不止，然吾欲棄此論，而僅答曰：「王居於英國，非居於美洲，此即其異所在。」王之能拒此地之法，較其能拒英國之法，其危乎殆矣，可謂十倍有餘。蓋其之於英國，當甚少拒不同意，可使英國之防衛盡其強固之法案，然其之於美國，則當絕不令類比之法通過。

美洲之於英國政治體制，僅居一次要之位，英國之爲此地著想，僅以滿足自身之用爲限。據此，凡其無利可圖之事，其之所以阻撓吾等之增長，即不爲此，亦必有所干涉，此皆爲自身考量所致。吾人之政治，需假他人之手至此，不出多時，必陷吾人於不利，觀諸般事件，即可得知。按，更名易幟，不足以化友爲敵；故，爲顯和解之論乃凶險有害，吾當斷言，此時此刻，殖民地惡法之撤銷，不過英國爲重拾殖民地統治權之上策爾；此策之出，乃其欲以陰謀巧計、營微作漸，以求成其藉暴力、強制，無法於即刻所成之功，能成於長久之日。滅亡，實位於和解之側。

其二，吾人可期之條件，使其爲最佳，然所能致者，僅爲一時之權宜，或者，僅能易當前體制爲保護國政府，而待殖民地續行發展，至其老成，即成不合時宜之物；於此期間，此地之一切事務，其樣貌狀況，皆將無以爲定，而不知其所能至。歐洲移民，使其資力充足，當不願擇此地而居，蓋其政府之命，僅懸於一索；其各地之勢，皆如臨深淵、如履薄冰，無時無刻，不知混亂騷動之將何起；更將有衆多居民，趁動亂未起之際，賣其田地，變其財產，以出亡此大陸而去。

其餘理由，所在多有，概不贅論，然其更勝前述，而爲最力者爲此：美洲之獨立，亦即美洲之得大陸自組之政府，乃保大陸和平，亦乃使其免受內戰茲擾之唯一途徑。吾憂此時與英國之和解若成，亂事將隨之而生，不生於此州，亦於彼州，此態甚明；內亂既起，其後果當遠較英國之惡爲甚。

英國之暴行，已毀敗萬千人生，又尚有萬千之人，恐將同此命運。彼等之感受，自異於吾等平安之人；此刻其所有者，唯自由矣，昔者其所享有之一切，盡犧之獻之，以爲自由之行；而彼等既一無所有，亦一無所失，故不屑於屈從也。此外，殖民地之民情，其之於英國統治，將如青年之正盈其時，血氣方剛，而怠忽其令，鬆散其束。反之，無能繫和平之政府，當何以爲政府？若此，吾人所納之歲貢即爲無物；復若祈請英國爲所應爲，然其所擁之權、所握之力，盡皆紙上談兵，故大陸之內亂當不發於和議既成之次日乎？吾曾聞人言此，謂其所以畏獨立，乃憂獨立將致內戰生。吾信作此言者，多思之未深。三思而後，再斯可矣；一思即得正見，少之又少，此例即非如是，蓋較諸一剜肉補瘡之臣屬，獨立之可畏，尚不足前者之十一也。吾當以其如己身之事，而爲受害者言，故吾當大聲疾呼，起而異議，曰：「若吾亦迫出吾家，喪吾財產，失根於吾所生所長之人事物，而吾生而爲人，知傷痛損失爲何事，則和解之論，當不能動吾心於一絲一毫，吾亦絕不認其爲事理所應爲。」

大陸政府，除得此地居民之從，亦能風行草偃，令善序良俗得見，昭然若此，已足使凡理智之人，皆可安其疑慮，樂見其成。是故，無人可假託任何他由，爲掩其憂心，而荒唐藉口若由大陸自治，一殖民地將竭盡全力，以求能凌於他殖民地之上，概此之爲論，實屬懵懂無知，亦乃有悖事理。

若無差異，即無優劣；完全平等，則欲凌駕他者之心，亦無從而生。歐洲之共和國皆擁和平，且吾人或可言其將永保和平。荷蘭、瑞士，戰事不生，內外皆然；君主之國，縱得平靖，亦難長久，此乃信然。王位誰屬，即野心之徒所由覬、蕭牆之禍所由生。而自傲之驕，自滿之氣，必伴君主之權、王者之威而現，終增長至與他國橫生齟齬；反觀，共和制度，因其所依之原則，較符自然天理之法，故縱有此失，亦能互省而補之。

有關獨立一事，若眞有足堪憂心之由，乃爲迄今爲止，尙未擬定其計，籌策其劃，故人不能見其之所終。據此，吾將獻下述之提點，供獨立事業肇始之用；然吾亦不敢妄尊自大，故吾此舉僅爲抛磚引玉，絕無認非此不可之意。若能集衆口紛紜，化其爲群思群策，常可供智者能者，引以爲輔，而收集思廣益之效。

故，吾且言，各州議會，可以年爲屆，並僅有一主席。代議之權，應使公平；州議會職掌，限於其州內務，其決定應與斷全體事務之大陸會議相符，不得有違。

各殖民地，可下分選區，其數可爲六、八、十個，並使其大小合宜。由各選區，委任數量適當之代議代表，出席大陸會議，而一殖民地之議士總數，至少爲三十之譜。故會議全體之數，將不少於三百九十人。會議之集會，暨其選其主席之方式，可循下述之法：各州代表團，於該屆集會之初，即抽一籤爲定，自十三州取一州，復由全體會議，以投票之法，自該州之代表團中，擇一議士，以爲主席。次屆會議，則亦以抽籤爲定，然需除上屆主席所出之州於外，自十二州取一州；以此循序漸進，至十三之州，皆已任一屆主席為止。另，為使會議所立之法，能無不符正義之情事，會議表決之多數，必以五中有其三為準。欲分化各州、茲生爭端、煽動分裂，叨擾議事之人，於此平而齊之，無分優劣之治理結構下，其所能得之盟，僅餘撒旦之流爾。

然，一國之代議，最初之初，源起之源，由何人而始，據何法而行，本需別加用心，以求細緻周全；而，此創生之所由，且名之為大陸協商會，又以一中介團體為宜，蓋因其能居治者與受治者，亦即，能居國會與人民之間，故若欲求前後呼應、起承轉合之效，雖莫有勝於其者，然其應依如下方式，並本於如下目標而行：

協商會之組成，一為委員會，一為代表。委員會者，乃自大陸會議擇取成員，共二十有六，換言之，每一殖民地各有其二。代表之聚，來源如下，一為州議會或州人民公會，每州得其二；一為自各州全體人民，每州得其五，而此代表之選舉，可於該州之首府為之，然為求其之為全州代表，名可符其實，當聚全州各地，擁選舉權者，至恰當之數而選之，或欲爲此事，有所不便，則可取全州二或三處人口最繁之地，逕以選出五人之數。如此而爲，立法創建事務之根本，其一即知識，其二即權力，則可合於此會而兼有之。蓋協商會成員，出於大陸會議、州議會或州人民公會者，於國家事務，已著有歷練，可爲勝任之佐參，而協商會全體，既受人民之賦權，乃可正當行立法之大權。

待協商會已集，當可責其擬定一大陸憲章，或言殖民地合衆國憲章，適正於所謂英國大憲章呼應；並責其明定大陸會議、州議會之議士數、選舉方式、集會之日，並劃定兩者職掌之分野。謹記：協商會所爲立，並其所欲規制者，乃全大陸之力，非一州一省；故亦謹記之：此會應求使大陸全體之民，人人皆享其自由、保其財產，然最重要者，使其能依良心所命，擇其宗教信仰，行其崇拜活動。上述以外，凡應載於一國之憲者，亦當責協商會擬之。至制憲之功既成，協商會旋即解散，並依其所擬之憲章，選組上開之立法暨行政機關，以治我大陸於此時；其安居樂業、幸福和平，願上帝祐之！

協商會議之後，若有他種機關，爲似同之目的而創，則吾亦有數言欲贈其中之代議士；然此非吾之創見，乃引賢者之見，此賢名爲德拉貢內提，其之論政府，實有過人之處，氏曰：「爲政之術，在於固自由及幸福之精要。故，尋一法度，遂行其治，使民之福祉，總而最大，然所耗之本，計而最少；此恩此德，可得人民世代感懷也。」語出德氏之德報論。

然，當有人謂，美洲之君主何在？吾將答是問以此：其治於上，乃至天上，絕不若英國朝上之獨夫，盡賜人類予浩劫。而吾人所有者，雖僅吾等俗世之人，所能爲之榮耀，亦不使吾人望之有所缺；夫，吾人且撥一期日，莊嚴肅穆，爲憲章之宣讀；且明告吾人之憲章，乃據神聖之法、上帝之言而立；且於此憲章之冊上，置一帝王皇冠，使世人可知，唯此，乃爲吾人所允之帝制：律法，即美洲之君主也。蓋，專制之治，君王即爲律法；故，自由之國，應以律法爲君王，此外便無他主。又，爲免人以其爲惡，憲章之冠，於典禮之終，即使毀壞，粉之碎之，盡散於民中，蓋其權之所本，民也。

自治政府，乃人民之自然權利。愼思明辨，不害於情，以制由吾人所有之憲，此既爲人之所能，則若願誠意正心，就人世之變化生息以思，人當知若比諸將一國之權，托由依時機運氣而定，且因利而起之事件，此實乃極其明智，亦極其安穩之法。吾人此刻若不爲，來者，將或有如馬森尼洛（Massenello）[1]之流，藉眾人不安之情，趁勢而起，聚不滿之徒、亡命之輩，而將治理之權，掠爲囊中之物，並如洪水暴雨之氾，噬此大陸人民之自由於無形。而美洲之治，若復由英國所握，必致大陸於搖搖欲墜之態，則鋌而走險之輩，將得其誘，擲此身於亂世以爲注，而試其成王敗寇之命；設若事已至此，則英國將何以濟吾人？待其知情，大勢已定，而吾人將如征服者威廉治下之英國人，徒能吞忍其不幸也。爾於今拒獨立而否之者，乃不知爾之所拒爲何；爾之所拒，乃爲永恆暴政，開一方便之門，蓋其將陷大陸於無治之境也。

【1】作者注：馬森尼洛為其俗號，本名湯瑪斯·阿尼洛（Thomas Anello），乃那不勒斯之漁人，時該地受西班牙所屬，居民甚受西人之欺，馬氏乃於市集勵同鄉之士氣，鼓其起而抗之，翌日即自立為那不勒斯王。

吾知有千人萬人，乃至千千萬萬之人，願視驅除該等韃虜之王、邪惡之國於此大陸之外，爲一光榮志業；其爲求吾人之滅，竟鼓紅人黑奴爲亂；此一惡行，罪有兩層，一爲挫我至深，一爲誆彼爲叛。吾人之明，謂不可信此國，吾人之心，遍體皆傷，亦謂必也憎此國，故與其論交，乃失明喪心之舉。彼等之於吾等，其血源親族之連，餘者本稀，復日銷夜磨，不知伊底；故，若期名分之終，乃情誼之始，或期雙方相爭之事，較昔者已十倍、二十倍更多、更鉅時，竟能和睦更勝以往，此尚可言智乎？

謂吾人以和諧無爭，重修故好者，爾能使一切如昔，萬事依舊乎？或，爾能復天眞無邪於娼妓乎？若爾無能，則亦無可復英國與美洲也。兩者之交，所繫之線，縱僅餘一，其亦已斷；英國之人，凡呼我者，言語侮蔑，不能足聽。上天之德，有其不能宥之害；若其能宥，即不復爲天之德矣。丈夫之不能宥淫其妻子者，即如大陸不能宥英國之罪。上帝之所以植此不滅之情，於吾等之身心，有其爲德爲善之用，而能達其智慧所見之途。此不滅之情，能護上帝之形影於吾等之心，亦爲人所以能異於禽獸者也。設若吾人臨此情之生，竟痲木以對，社會之結將解，而正義之根將除，縱其此刻仍在，亦無以久存矣。傷害之及於吾人之性情，若未能起吾人之身，求公道之復，則殺人之凶，奪財之犯，將以逍遙法外爲常也。

爾愛人者，爾悉聽之！爾之無懼，敢逆暴政，亦敢忤暴君者，且揭竿起之！舊世界莫有一處，不受暴政之制；全球莫有一地，不視自由爲讎。亞洲、非洲，驅自由而除之已久；全歐上下，則率皆視其爲異；乃至英國，已赫其速去。嗟乎！吾人當納其難民，綢繆於雨之將至未至，而備此大陸，以爲人類之淨土。

IV

論當今美洲之實力暨些許雜思

英美之分，遲早之勢，而吾未識何人，使其英國人，或美洲人，不直陳此見者。然，大陸獨立之契機，何時成熟，何時適宜，縱令有盡力闡而示之者，吾亦未見有更言不及義之論。

蓋，人皆認其可分，僅遲早有異耳，既此，為求除錯去誤，吾等當廣究其事理，如有可能，更當致力定其確切之機。然探究此事之功，須臾可及，無需遠求，蓋非吾等尋此契機，其自尋吾等也。萬物諸事，踏沓而來，齊時併發，一致皆同，此巧合上應於天，當可為斯證。

吾人力之所在，非於人之數，而於同齊心；遑論現吾人之數，已足敗舉世任一國之軍。方此時，吾大陸之軍，並兵器、訓練，普天之下，無國能及。吾軍之勢，適值其峰，任一殖民地，單憑其力，當無能養，然集各殖民地之力，即可竟其功；故此勢若過其盛，或又有不及，必將自招大害也。吾之陸軍，量數已足，至於海事，若大陸一日於英國手中，余人便不可無知至此，認英國將許吾等造戰艦。事若依此，百年之後，吾人之海事，較諸今日，當無寸步之先；實則，百年之後，當更落數步之後也，蓋此地之林，日消夜無，終至一日，所餘之木，去人千里，致難以伐收矣。

另，設若有朝一日，大陸人滿為患，其於現今所受之苦難，即無以再行忍受矣。然彼時，港市已多，吾人所需護衛處將隨之而多，失守處亦同。吾人當前之兵員，恰足派駐所需防守各處，比例適當，多寡合度，曾無一冗員也。軍員之增，實取之於百業，反之，後勤既長，則百業亦興。

債，吾人尚未有也；然，若為此大業故，吾人所負之債，無論輕重多寡，皆將為印記，以證吾人之德。使吾等能留予後世萬代一了卻爭端之政府、一獨立自主之國憲，價之為何，皆無不菲。反之，若需以百萬之費，但求一惡法之廢，及內閣重臣之潰，非但其價不值也，更屬狼子野心，取後代之利而用之；蓋吾等若為此事，子孫需竟之大業，同於今日，然其所負者，吾人所留之債，債豈能為其利乎？承此，重金謀和之議，實為目光淺薄、舉足無重之佞臣之見，乃頂天立地之君子所不取。

吾人若果舉債以謀大事，則非大事之成，莫以回報。雖言，無國無債，亦無國不應有債。國之債者，國之諾也，使其無息，即無苦可言。英國受其債所迫，已逾一億又四千萬英鎊，其爲此所負之息，亦逾四百萬。英國甘負此債，所得者何？其龐大之海軍；反觀美洲，債之也無，海軍也亦無；然則，若以英國之債，取其二十之一，即可得等量之海軍也。蓋此時而論，英國海軍之值，已不逾三百又五十萬英鎊。

以下算數，本冊之初版、二版，於發行之時，尚未收錄。然此刻吾欲以其證前之估量無誤〔參見恩提克（Entick），海軍史，序言，頁五十六〕。

據英國海軍大臣博卻特氏之算數，欲造一船，完全其桅杆、帆桁、帆身、索具，並充足可供八個月之糧食修繕補給，依其級數，所費如表4-1。

表4-1

配砲100門之船	35,553 英鎊
90 門	29,866 英鎊
80 門	23,638 英鎊
70 門	17,785 英鎊
60 門	14,197 英鎊
50 門	10,606 英鎊
40 門	7,558 英鎊
30 門	5,846 英鎊
20 門	3,710 英鎊

以此爲據，欲累加英國海軍之總値，或毋寧曰，欲累加其總成本，若以一七五七年，威名最盛之時計，其編置之船砲如表4-2。

表4-2

船數	砲數	單艘造價	單類造價
6	100 門	35,533 英鎊	213,318 英鎊
12	90 門	29,886 英鎊	358,632 英鎊
12	80 門	23,638 英鎊	283,656 英鎊
43	70 門	17,785 英鎊	764,755 英鎊
35	60 門	14.197 英鎊	496,895 英鎊
40	50 門	10,606 英鎊	424,240 英鎊
45	40 門	7,758 英鎊	340,110 英鎊
58	20 門	3,710 英鎊	215,180 英鎊
單桅帆船、炸彈船、噴火戰船共85		2,000 英鎊	170,000 英鎊
總造價			3,266,786 英鎊
未裝載砲			233,214 英鎊
總計			3,500,000 英鎊

世上當無他國，較美國更得地利，且更能以一己之力，爲艦隊之造，無需別假外求。較諸荷蘭，其戰船因供西葡之貨，獲利甚鉅，然其造船所需之資，多數皆需購自他國。吾人應視艦隊之建造爲財貨之一種，視吾國爲此財貨天生之工房，而吾人資本之投入，莫善於此。海軍之造，當其成，價必高於其本。就國家大計言，其亦爲經濟與國防能合於一之處。吾等且造之，若其無用武之地，則售之；藉此，更可易吾人紙幣之通貨爲黃金白銀之實物。

至於艦隊之人員配給，衆人普遍知之甚誤。船上之人，諳船事者，四者約有其一即可。前次海戰，攖敵最盛之鋒，餘船莫能及者，乃私掠艦恐怖號，即人稱死神隊長者也，然其船上諳船事者，尚不足二十，雖其定員乃逾二百。熱心外向、技巧純熟之水手，若有數名，便足於短時之內，指揮教授，令足夠數量勤奮積極之新員，能行一般之船務。故吾人海事之始，莫有更勝此林木尚立、漁業受阻、水手無業、船匠無工之時也。早四十年，已有七十門、八十門砲之戰艦，造於新英格蘭，此刻亦可爲。美洲最可驕者，造船也，假以時日，必能以其傲於世；東方之大帝國，多蟄居內陸，於造船一事，莫可與之較量焉；非洲大陸，尚屬蠻夷，當不必言；至於歐洲諸國，若非無美洲幅員之大、海岸之長，即無如其自給自足之物資。上天許其一，必不許另一；唯其獨厚美洲，而任其兼有之。君不見，廣闊如俄羅斯帝國，幾近絕於海洋；職此之故，其無盡之森林，並其焦油、鐵礦、絲繩，皆僅能供貿易之用爾。

又，若以安全論，吾人當可不備艦隊乎？早六十年，吾之社會，人稀且少，方其時，或可人人路不拾遺、夜不閉戶，然此時情況已易，吾人之財產既增，亦當尋他法爲更周全之防備。若以一年前論，任一海盜，皆足以直上達拉威爾河，迫費城非納貢求和不可，無論數之多寡，其餘各地亦同。甚至，任一大膽妄爲之徒，引一雙桅横帆船，擁十四、十六門砲，即可劫全大陸於無阻，得五十萬元而歸。此一現況，除當需正視，亦指明海軍護衛之必要。

然，或有人曰，使吾等與英國言歸和好，其當護我也。吾人當可不智至此，認英國將以護美洲之故，駐其海軍於吾等之港內？依常理可斷，致力攻取吾人者，必亦最不宜護衛吾人。同源之情，或可爲托詞，助其征服；致吾等英勇抵抗，雖歷時長久，或終將為英國所賺，成其奴僕。若非如此，則吾將問，使其船艦不得吾人之港而入，其將何以衛美洲？三千哩外、四千哩遠之海軍，縱欲為助，吾等亦將如涸轍之魚，而美洲之難，若竟既急且速，又何助之有？故此，從今而後，若吾等需自為衛，何不為己而衛？又因何為人而衛乎？

英人戰船之名數，觀其簿冊，既多且威；然，若任取一刻考之，其適於役者，十未有一也；故若僅言其數，將不得其實；縱此，各艦之名，仍浮誇於簿冊，即令該艦僅餘一木板亦然。復又，其適於役者，能集於同時同地之數，則五未有一；東西兩印度群島、泛地中海、非洲大陸，並其他各處，凡英國擴其王土之地，皆為其海防之重擔。英國海軍之情，吾人誤之甚也，皆成見與大意使然，倘有謂曰，我等需有等量齊觀之海軍，始能於此刻與其戰，然欲即刻有此量數，勢無可能，乃有保皇黨人一群，掩其眞意，以此為由，勸阻吾人不可於此刻為戰。此論去事實之遠，無可甚乎；蓋，使英國海軍二十，而美洲海軍僅一，則後者顯當勝出；何也？吾等未領海外之地，亦未言有何海外之地應為我領，故舉國之軍，可盡用於沿岸海防，依此之勢，自結果觀，我之軍勢，將倍於英國也；其必也自三千、四千哩遠航而來，始能爲攻，戰之且過，若欲重整旗鼓，亦必盡三千、四千哩之歸航，始得爲之。而英國以其艦隊，雖能阻吾等與歐洲之貿易，然則吾等之力，亦足以阻其與西印度群島之貿易；蓋群島既列於側，故其爲魚肉，而大陸爲刀俎也。

又，若吾人忖度，海軍之造，用於一時可，養之千日則無必要，則於承平時期，或有數法，可常存兵力於海上。查，商人爲求物流之平安，或有收取溢價，以供其建組、雇募護衛之用者；至於溢價之數，當據貨物若失，則損失之數爲何而定；而商人運貨所需者，乃若干配戴砲二十、三十、四十，甚或五十門之武裝船。是故，若自海軍中，撥合適之船五十、六十，另取哨船少許，共同供平日之役，則既可常保充足、可用之兵，亦能使吾等免於英國人所受之惡，蓋其艦船若於承平時期，即無用武之地，而盡荒廢腐朽於碼頭，而其人民怨之甚深也。貿易之梁柱、軍備之存，能合其爲一者，實乃明智之方針；蓋吾人之軍力，與吾人之財富，若兩者互蒙其惠、肩頭並進，則無需畏於外侮矣。

海防軍備所需之貨，吾國自產，種類十有其九，數量既足且豐。麻草叢生，直已過盛，故索具線繩，不假外求。鐵砂之量，舉世無雙；槍械之數，不落人後。大砲可隨興而發之，不需吝惜；軍學轉眼即進之，日新月異。決心，乃我族之天性；勇氣，尚存於我族之心。是故，我等尚求者何？遲疑者又爲何？吾人之所能期於英國者，吾人之滅亡也；使其能復行美洲之治理，此一大陸，當不值義民苟活矣。屆時，妒忌之心，必四處生焉，動亂之事，必不時而發；而誰人將起而平之？又有誰人干險奇險，迫其同鄉同州之人，服於外來之暴政？賓夕法尼亞、康乃狄克兩州因地界而生之扞格，足見英國政府之無能，亦證此道理於至明：大陸事務，爲大陸之本權，可治而理之。

欲成大業，爲何以此刻最適，另有一理由可說之。蓋，吾國之人數越少，無主之土地越多，若吾等不將其獻於國王，任其揮霍於庸碌無德之食客侍從之口，此無主之地利即可盡爲我用，既可償眼前之債，亦可常供將來吾國政府之所需。普天之下，除我之外，莫有一國，擁地利至此。

各殖民地所合之國，雖得稚兒之國一名，然此絕非獨立不利之理，實乃獨立有利之由。美洲人口，適當足量，使其益多，即有凝合衆。此之爲事，實值世人深究，亦即，一國人口之數越多，兵士之數越少。純以兵數論，古人遠勝於今人。所以如此，顯而易見，蓋百工之爲業，乃人口增長所致，經濟既生，則人人皆致力於和平生計，故無暇他顧也。又，貿易之行，則奮戰之士氣折矣，忠國之心固然，而抗敵之意亦同。初生之犢，始不畏虎，新生之國，必有勇夫，此理昭然於史書中。隨其貿易日盛，英國之士氣已失。倫敦城，縱其城民之衆，竟無丈夫之勇氣，而以懦夫之耐性，屈從於諸般恥辱，久而不起異心。所能失者越多，願犯之險越少。富人者，概爲怯怕之奴，以其口是心非、阿諛奉承，戒慎恐懼，事於宮廷之威。

欲植善習，當趁少時，人之如此，國家亦同。若五十年後，始欲於大陸組一政府，縱非無望，亦當困難非常。貿易日盛、人口日增，致使利益糾葛，既廣且深，混亂則於焉而生。殖民州將與殖民州相抗；行有餘力者，將貌他州之援而爲笑；是故，當愚者妄人，據其微不足道之勝，施而驕之，智者則僅能感傷憂懷，哀吾人未能及時立合衆之盟也。是以，盟之立若有時，即爲此時。唯其稚兒，故能無猜；而共苦之誼，其質最堅，其時最久，皆餘者所不及。故，吾人當前之盟兼有此二者：其盟初成，而吾人皆歷苦難。甚且，吾人之合，已化困難於可解，並已立一基業，供後世子孫，以之爲念，以之爲榮。

此一時刻，亦爲終一國之祚，僅有一次，絕不再來之契機，此即從無至有，塑造國之政府之時刻。任此時機流逝之國，所在多有；因此之故，乃採其征服者之法而受之，非此不可，遑論自我立法。換言之，其乃先有國王，始有政府之式；故吾等且自他人之誤，增自己之智，攫當前之機會而把握之，而造政府之式，以正確之序，此即：先有政府之憲章，乃有得人民授權，行使該憲章之政治家。

方征服者威廉克英國而治之，乃藉其兵，頒法賜令。據此，除非吾等皆同此心：美國之大位，必也於法有據、於人有信，始可領之，否則，即爲置吾等於此危險之中：即，縱爲惡徒，若能挾其運勢，亦能得美國之大位，於是，其亦必待吾人，如威廉之待英國也，屆時，吾人之自由何存？吾人之財產又何在？

又，論及信仰，吾當主張，凡出於良心，秉其宗教而信之教徒，容之護之，使其免於迫害，乃任何政府責無旁貸之務，除此之外，吾不知政府更有何事，與信仰有涉。且摒偏狹之心思而棄之，去唯我之教義而除之，此雖乃一切教派之害群之馬所不捨之物，然一旦能爲此事，即可無憂無慮，得心靈之平安。待人薄者，必也多疑；疑者，大同世界所以不可得之因。正信之義、眞神之意，衆人之間何以五花八門，宗派林立？若依吾見，則吾本諸誠意正心，別無他念，堅信此爲上帝之旨；蓋如此一來，方有廣大迷途之衆，以行基督之仁愛。設若，人人皆無他信，則吾人之教義當無從明其眞僞也。據此寬容之本，吾視衆基督教派同爲一家之子，所異者僅其教名也。

前者，於此書中，就大陸憲章之適切，吾已有數言；然吾所爲者，僅指點一二，非周全之計畫也。此處，且容吾重拾此題，再興此議，而做此論：吾人當視此憲章爲願負大任之諾，凡大陸之民，皆互許此諾，願扶持各州固有之權利，無論其爲信仰、個人之自由，抑或財產。夫嚴守之約定、相敬之權利，當可固萬代之誼。

復又，吾於前者亦曾提及，吾國之代議，其議士之數需衆，而且表決之權需無優劣之分；與吾人未來政治有關之事，無較此更應重視者。選民數少，所生之危險，同於議士數少；然若議士不僅數少，表決猶分優劣，則越危乎殆矣。吾當舉此例說之：方其殖民地合股人請願書案，於賓夕法尼亞州議會審理之時，與會之議員，不過二十有八爾。其中，鹿郡所選之議員，總數八名，皆反對該案，卻斯特郡之七議員亦如是。故可謂，該州之務，僅由二郡之議員斷之，此即吾所謂之危險，且該州竟無從得免。同理，於前次州議會，該二郡所爲不正之擴權，使其取得不當之權力，能優於該州其他議員，亦可令百姓警惕，其之所托，其之所付，如何爲人所背。該州議會，就議員應受規範之法，其所依之理，所訂之責，即令十歲孩童，皆將不齒；且此法之立，乃極其少數之議員，於會場之外，認以爲可，後始攜入議堂之內，由與會議員代殖民地全體人民而立。使殖民地全體人民可得而知，該州議會所爲之部分公共立法，縱其爲必要，然乃據何不良之存心所立，則其當無認該州議會可得而信之理。

某事若爲當前之必要，常易爲衆人所許，然若事事如此，則國終將入專政之制。權宜，不可等之於權利。方美洲所受之災禍，亟需集思廣益，予以商議時，別無其他方便權宜之法，較諸此法更爲可行，亦即，由各州議會，推舉數人，責此大任；此時觀之，其人之智，果能保存大陸於滅亡之危。然則，亦由今視之，國會之組成，其勢已必行，則任何盼秩序長存之人，必定亦同此議：國會成員之選舉，其規則當値吾等深思。是故，吾當舉此問，請諸窮究人文之學者，代議暨選舉之權，其權柄之巨，是否使其不應由不變之數人擁有乎？蓋，此刻吾人所爲者，乃爲後代計，則吾人當應謹記德性之備，非世襲可爲之。

英國之財政政次，有一名康瓦爾氏，曾視紐約州議會之請願書於不哂，蓋承其所述，該州議會成員共僅二十有六，故其論曰，以此微少之數，無法正當代表該州全體。警示明言，常乃自敵處習之；理性之增，亦常於無心之下，自錯誤得之。故縱非其本意，吾人亦當謝其願直言不諱。[2]

【2】作者注：議士之數需衆、代表權之平等，此之於國家何以至關重要，願知其通透之議者，當可參閱波爾氏之政治論著。

總而言之，能迅速解吾人當前之危者，唯堅定果決，將獨立之志公諸於世爾，此外別無他法。縱或有異之、或有心不願之，皆無需念之，蓋說理之辯，足能證吾此言不虛者，既多且明。且舉數點如下：

國際慣例，兩國交戰，與其隙無涉之中立國，可居中調停，並提出和約之芻議。是故，美洲一日稱其為英國之子民，任何國家，縱其善意之甚，亦無能為定紛止爭之事。據此，依吾等所處之境，許將永無停戈止兵之寧日。此其一也。

而若竟寄望法蘭西、西班牙，為吾等之援助，而吾等僅欲藉彼之援，與英國重修舊好，甚且鞏固彼此關係，實乃不可理喻之舉；蓋，英、美之合，必不利於法、西。此其二也。

使吾人續公然自稱為英國子民，世界諸國必視吾等為叛臣逆子。以子民之名揭竿而起，凡此前例，皆曾危及各王國之平靖也。吾人既為當事者，當能化此矛盾於無形。然若定欲合反抗與屈從為一，所需之大智，實超乎凡人所能。此其三也。

至若，撰一告文，廣發國外各朝，直陳我等所受之苦難，盡述吾人已用罄和平之法，終無法得其公道，並且向各朝聲明，從今而後，於英王殘暴之治下，吾人已無和樂平安之日，受迫於此，乃不得不與其絕斷；此與同時，復向各朝爲諾，曰吾願與其和平共處，更盼與其通商貿易。此一文告，較諸派一快船，呈請願書於英國，當更有利於大陸。此其四也。

如今，若仍負英國子民之名，吾人之心聲，海外諸國，將無從之爲聽，又遑論採而信之；使吾人爲一君王之屬，則諸王各朝，秉其習性慣例，皆爲我等之敵，無例外之理；唯建國獨立，而與諸國平起平坐，始能易之。

獨立之業，當其之初，諸事紛沓，棘手陌生；實則，其與吾人已然歷經之事皆同，亦當於不久之後，不見其怪，不覺其難；然而，迄吾人將獨立宣而示之爲止，大陸之民，將皆如怠惰之人，日復一日，推遲辛苦之務，雖知其不得不爲，猶恨著手爲之，故望其大功告成，然而於此之前，皆對此事之必須爲，終日念茲在茲、不時縈繞於心。

湯瑪斯・潘恩年表

年代	生平記事
一七三七年	• 出生於英國。
一七七三年	• 因不滿工資過低，撰寫《稅務官員的狀況》而被解僱。
一七七四年	• 到美國費城，主編《賓夕法尼亞雜誌》。
一七七六年	• 撰寫成名小冊子《常識》（*Common Sense*）。 • 獨立戰爭陷入低潮時寫下小冊子《美國危機》（*The American Crisis*）。 • 積極主張廢除奴隸制，撰寫〈在美洲的非洲奴隸〉一文，和班傑明・富蘭克林一起廢除了賓州的奴隸制。
一七八七年	• 到英國定居，寫了一些關於人權的作品，遭到英國政府通緝。
一七九一年	• 前往法國，支持法國大革命，被選入國民公會。 • 參與起草法國《人權宣言》。 • 撰寫《人的權利》（*Rights of Man*）。
一七九三年	• 因反對雅各賓派的恐怖專政而入獄，在獄中寫成《理性時代》（*The Age of Reason*）一書。
一七九四年	• 出獄後繼續在國民公會中任職。

年代	生平記事
一八〇二年	• 返回美國，由於他一直反對貴族政治、富人政治和教權主義，堅持自然神論，在美國遭到基督徒的批判。
一八〇九年	• 於紐約逝世。

譯名對照表

五畫

世襲制 hereditary

六畫

共和制 republic

吉甸 Gideon

米甸人 Midianites

七畫

君主制 monarchy

八畫

佩勒姆 Pelham

九畫

威廉·梅洛迪斯 William Meredith

約克 York

十畫

恩提克 Entick

馬森尼洛 Massenello

十一畫

族長制 patriarchs

十二畫

湯瑪斯·阿尼洛 Thomas Anello

二十畫

蘭卡斯特 Lancaster

經典名著文庫 123

常識

Common Sense

作　　者 —— 湯瑪斯・潘恩（Thomas Paine）
譯　　者 —— 谷　意
發 行 人 —— 楊榮川
總 經 理 —— 楊士清
總 編 輯 —— 楊秀麗
文庫策劃 —— 楊榮川
副總編輯 —— 劉靜芬
責任編輯 —— 林佳瑩、呂伊眞
封面設計 —— 姚孝慈
著者繪像 —— 莊河源
出 版 者 —— **五南圖書出版股份有限公司**
地　　址 —— 臺北市大安區 106 和平東路二段 339 號 4 樓
電　　話 —— 02-27055066（代表號）
傳　　眞 —— 02-27066100
劃撥帳號 —— 01068953
戶　　名 —— 五南圖書出版股份有限公司
網　　址 —— http://www.wunan.com.tw
電子郵件 —— wunan@wunan.com.tw
法律顧問 —— 林勝安律師事務所　林勝安律師
出版日期 —— 2020 年 7 月初版一刷
定　　價 —— 160 元

國家圖書館出版品預行編目資料

常識 / 湯瑪斯・潘恩(Thomas Paine)著, 谷意譯. -- 初版. -- 臺北市: 五南, 2020.07
面;公分. --(經典名著文庫 ; 123)
譯自:Common sense
ISBN 978-986-522-029-7 (平裝)

1. 政治思想　2. 君主政治　3. 美國政府

570.952　　109007008